La Petite Paysanne

La Petite Paysanne

Ulrick René

"Comment la semence de la parole de Dieu dans un coeur obéissant a changé la vie de toute une communauté."

PALMETTO
P U B L I S H I N G
Charleston, SC
www.PalmettoPublishing.com

Paperback ISBN: 979-8-8229-2703-2

Table des Matières

Remerciements vii

Dédicace de l'ouvrage x

Préface. xi

Introduction xiii

Chapitre 1   La Vie de Maggie et de Martine 1

Chapitre 2   Arrivée de Martine à Port-au-Prince 6

Chapitre 3   La Mélancolie de Maggie 8

Chapitre 4   Maggie dans ses illusions. 11

Chapitre 5   Premières Expériences de Martine avec Béatrice . .15

Chapitre 6   L'Enthousiasme de Martine pour
              Son Education Classique. 18

Chapitre 7   Résultats de l'Examen d'Admission 24

Chapitre 8   Recommandations de Maggie à Martine 29

Chapitre 9   La Conversion de Martine 33

Chapitre 10   Sacrifice de Maggie pour sa fille 36

Chapitre 11   Progression Académique de Martine 39

Chapitre 12   Nouvelle Aventure de Martine et Sa
              Rencontre Avec Philippe. 44

Chapitre 13   Le Tourment de Philippe vis-à-vis de la
              Parole de Dieu 51

Chapitre 14   Philippe, le Courtisan de Martine. 59

Chapitre 15   Monologue de Martine après La Déclaration
              d'Amour de Philippe. .63

Chapitre 16   Concrétisation du Rêve de Philippe 65

Chapitre 17   Le Jour le plus long pour Philippe. 69

Chapitre 18   Le jour "J" de Martine 77

Chapitre 19   Inquiétude de Martine Concernant son
Engagement dans la Relation de Couple. 80

Chapitre 20   Intégration de Philippe dans le
Monde Ecclésiastique .85

Chapitre 21   Philippe dans sa Mécompréhension
Vis-à-vis de la parole de Dieu 92

Chapitre 22   La Conversion de Philippe 96

Chapitre 23   Le Baptème d'eau de Philippe. 103

Chapitre 24   Martine en Visite dans sa Localité de
Naissance 109

Chapitre 25   La Soirée Inoubliable de Martine et de
Philippe 115

Chapitre 26   Martine et Philippe de retour chez eux 120

Chapitre 27   Philippe, ses exploits à Corail 123

Chapitre 28   La Concrétisation de leur Rêve 131

Chapitre 29   Le Mariage de Philippe et Martine 134

Chapitre 30   Proposition de Martine à sa Mère 137

Chapitre 31   La Progéniture du Couple. 143

Chapitre 32   L'Achèvement du Rêve de Martine et de
Philippe 145

Chapitre 33   La Déception et la Confession Inattendue de
Tante Béatrice. 148

Chapitre 34   Le Moment de Regret de tante Béatrice 158

Chapitre 35   Les Epreuves de Martine et Le
              Découragement de Philippe 162
Chapitre 36   La Guérison De Martine 167
Chapitre 37   La grande Aventure de Martine et de
              Philippe 172
Chapitre 38   Visite de Monsieur et Madame Valancourt
              à Corail. 175
Chapitre 39   Conception du Développement de la
              Montagne-de-Bois-Zombie. 179
Chapitre 40   La Valeur de la Semence Dans la Vie d'un
              Chrétien 183
Glossaire 191

Remerciements

Mes remerciements vont d'abord à Dieu qui m'a donné l'intelligence, la santé, et le courage d'atteindre ce but et qui a su me guider vers des gens exceptionnels durant toutes les étapes de la rédaction de ce livre.

- Aussi, je tiens à remercier spécialement ma femme, Wanite et mes enfants, Bryan et Kensley, pour leurs conseils et leur soutien tout le long de l'exécution de ce livre.

- J'aimerais remercier mon beau-frère **Joseph Elguin Charles et** mon ami, **Dominique Louis Jacques**, qui ont dépensé toute leur énergie à lire tout le contenu de l'ouvrage et m'ont fait des recommandations dans le style du texte.

- Je remercie également **Frère Josué Thomassin** pour ses mots d'encouragements. Ce dernier est leader et fondateur de la dévotion spirituelle intitulée : « *Tas Kafe Espirityèl* » publié chaque matin, du lundi au vendredi, sur les réseaux sociaux, tels : Facebook, WhatsApp, Instagram, etc. Grâce à Dieu, cette activité spirituelle continue à faire son petit bonhomme de chemin à travers le monde. Elle est très écoutée. Les gens en témoignent ses bienfaits au sein de la communauté évangélique haïtienne. Elle est fondée sur trois axes : « **La véracité de la parole de Dieu, la fidélité de Dieu et l'amour de Dieu** ».

- Je voudrais exprimer toute ma gratitude au **Rév. Dr. Jean G. Blaise** de **Zion** *Baptist Church*, pour ses conseils nécessaires à l'achèvement de cet ouvrage.

- Je désire remercier spécialement, **Sr. Magalie Démosthène, Fr. David Feron, et ma sœur Jeanine René**, pour les premières corrections de ce livre. Elles sont les premières personnes à avoir entrepris des démarches pour la distribution de cet ouvrage.

- Je remercie aussi les groupes : **Base, Etoile, Lumière et Soleil (B.E.L.S)** de l'Association des Jeunes de l'Eglise Chrétienne des Rachetés d'Haïti (**A.J.E.C.R.HA**) qui m'ont intégré durant les années 1990 dans le domaine de la littérature. C'était une époque vraiment inoubliable !

- Enfin, je tiens à remercier chaleureusement tous mes amis et collègues de travail qui m'ont apporté leur soutien moral et intellectuel tout au long de la rédaction de cet ouvrage, tels que :

Pasteur Marc Arthur Bertrand
Frère Philippe Dorinvil
Sœur Kettelène Vilson "Jessica"
Frère Charles Henri "Carlo"
Frère Joël J. Fréjuste
Frère Yves Donastien
Pasteur Adam Villard

Dédicace de l'ouvrage

Je dédie cet ouvrage à tous mes amis qui viennent de la campagne, et aussi à celles et ceux de la ville de Port-au-Prince, la capitale d'Haïti. J'aimerais profiter de cette belle occasion pour leur montrer mon appréciation. Puisse cet ouvrage leur apporter une immense joie et débarrasser leur cœur des frustrations galopantes qui le rongent quotidiennement !

Je dédie également cet ouvrage à tous ceux et celles qui vivent actuellement dans la diaspora, mais qui ne peuvent pas se rendre dans leur pays natal, Haïti, pour de diverses causes. Ce fascinant ouvrage peut les aider à chasser la nostalgie et le chagrin de leur cœur.

N'oubliez jamais d'où vous venez !

J'adresse aussi cet ouvrage spécialement à tous ceux et celles qui avaient eu la chance de fréquenter une école primaire à la campagne et qui par la suite sont entrés à Port-au-Prince pour poursuivre leurs études académiques.

Enfin, j'invite tous mes frères et toutes mes sœurs dans le seigneur de bien comprendre la promesse de Dieu dans leur vie. Ce que Dieu dit, sa main l'accomplit. Soyez très patients dans le temps de la promesse et l'accomplissement de la promesse de Dieu.

Que Dieu dans son amour incomparable vous comble de ses riches bénédictions !

Préface

Depuis plusieurs décennies, nos enfants en Haïti ne cessent pas de subir des dommages psychologiques et physiques en raison de leur séparation avec leurs parents à chaque fois que vient le temps de continuer leurs études à l'extérieur de leurs villes natales. Malheureusement, cette situation difficile peut aussi être vécue par celles et ceux qui laissent Haïti en destination des terres étrangères. Sensibilisé et affecté par la situation de ces victimes, **Ulrick René** a décidé d'exposer au grand jour cette problématique en rédigeant cet ouvrage intitulé ''**La Petite Paysanne**''. À travers ce livre, Ulrick dit tout haut ce que certaines personnes pensent tout bas.

Ce livre dont la protagoniste est Martine, consiste à faire comprendre comment le fait d'envoyer un enfant chez un parent ou un (e) ami (e) peut être comparable parfois à de la servitude, une réalité non-désirable pour le bien-être de nos enfants. Cette situation, dénoncée dans ce livre, permet de refléter les manières complexes dont le pouvoir est exercé, la manière dont les gens occupent simultanément les rôles d'oppresseur et d'opprimé.

L'intérêt particulier de cet ouvrage va au-delà d'une simple histoire de la vie d'une jeune fille issue de la campagne. Ce livre peut aussi être considéré comme une source de consolation pour celles et ceux qui font face à des problèmes récurrents dans la vie. Les sentimentalistes ont aussi leur part du gâteau dans cet ouvrage à travers la relation amoureuse de Martine. Bref, ''**La Petite Paysanne**'' est un ouvrage qui porte à la fois sur la vie romantique, sociale, culturelle, économique et religieuse.

La lecture de ce livre est non seulement recommandée à celles et ceux qui pratiquent du harcèlement psychologique sur leurs victimes, mais aussi à celles et ceux qui ne sont pas conscients qu'une telle pratique existe dans notre environnement immédiat. Je suis ravi que l'auteur du livre ait approfondi un tel sujet avec un style qui lui est propre.

Tout ce que je sais de ce livre, c'est que si vous en lisez le premier chapitre, il vous sera impossible de ne pas en lire le dernier. Alors, qu'attendez-vous ? Lancez-vous vite à la lecture de ce livre, afin que vous puissiez en tirer de nombreux avantages : le plaisir, l'oubli des problèmes du quotidien et l'éloignement du stress.

Joseph Elguin Charles

Introduction

J e n'avais jamais l'intention de rédiger un livre. Par contre, un jour, **Magalie Démosthène**, l'une de mes meilleures amies, m'a dit : « Je me réjouis toujours à travers tes écrits. Pourquoi tu n'écris pas un livre. Ainsi, plus de gens auraient donc l'opportunité de bénéficier de tes belles idées et de tes conseils salutaires. »

Ce jour-là, une amie m'a raconté ce qu'elle avait enduré chez l'une de ses tantes maternelles. Je l'écoutais attentivement. Alors, j'ai pris note de tout ce qu'elle m'avait expliqué. Delà, j'ai écrit : « **La Petite Paysanne** », un livre à plusieurs caractères : romantique, social, culturel, économique et religieux.

La société dans laquelle nous vivons s'apprête toujours à nous juger en établissant une différence entre citadin et campagnard. En conséquence, il est de plus en plus difficile de concrétiser nos rêves, nos visions, nos passions, nos sentiments, nos ambitions… Mais, Jésus-Christ, dans son amour et sa compassion, intervient dans la vie d'un croyant pour lui enlever toutes ses barrières, lui briser ses chaines, et pour lui enlever ses peurs. Il va sans dire que l'accomplissement des promesses de Dieu dans la vie de son serviteur augmente souvent la douleur des personnes envieuses au point de cracher leur jalousie.

L'analyse approfondie de la vie des gens de Cavaillon m'a fourni des données suffisantes me permettant de raconter d'une façon plus structurée l'histoire de la vie de Martine dans « **La Petite Paysanne** ». Cette jeune fille a souffert durant toute sa jeunesse, mais grâce à une promesse de Dieu dans sa vie, elle était victorieuse en dépit de tous les problèmes qu'elle avait endurés.

De ce fait, j'invite tout le monde à lire ce livre et d'en tirer le maximum de profit, car les messages qui s'y trouvent peuvent transformer des cœurs, à la rigueur des vies.

Que le seigneur Jésus, l'Alpha et l'Oméga, vous donne de l'appétit spirituel adéquat afin de savourer abondamment les messages de ce livre !

Ulrick René

CHAPITRE 1

La Vie de Maggie et de Martine

Maggie avait 22 ans quand elle enfanta Martine. Cela semblait être le début d'une nouvelle vie, meilleure que celle qu'elle connaissait jusqu'ici. Elle s'effondra quand elle perdit son partenaire, Joël Baudelaire, après une maladie patiemment supportée. Tous ses rêves étaient mis en attente. Dès l'âge de deux ans, Martine était déjà orpheline de son père.

Joël était celui qui ramenait l'argent à la maison, et c'est lui qui représentait l'espoir de la famille. Son décès avait complètement ralenti le développement de cette jeune fille. Issue d'une famille pauvre, Maggie n'avait pas le support financier lui permettant de continuer à vivre comme avant cette terrible mésaventure. Résiliente qu'elle était, Maggie était déterminée à faire l'éducation de sa fille en vue de la doter d'un meilleur avenir. Ce fut donc au prix de nombreux sacrifices que Maggie assura l'éducation de Martine, sa fille unique.

À l'âge de quatre ans, Martine fréquentait une petite école, dont la toiture était en feuilles de cocotier, et les cloisons faites de feuilles de palmier. Ce genre de construction de fortune était communément appelé : « École de quartier. » Le rêve de

Maggie était que sa fille fréquente l'école congréganiste, qui avait alors une réputation proverbiale dans la Vallée. Cette école était surtout fréquentée par les gens fortunés.

Au grand concours régional des élèves de certificat, âgée seulement de douze ans, Martine en est sortie l'unique lauréate. Cela a incité tout le monde de sa communauté à venir féliciter et contempler cette belle et intelligente élève pour ses exploits. C'était une fête communautaire au cours de laquelle les voisins et les membres de la famille ont commémoré la réussite de Martine.

Malgré tout, Martine était très inquiète pour le reste de ses études classiques, car il n'y avait pas d'école secondaire dans la zone rurale où elle vivait. Maggie n'ayant pas les moyens financiers pour envoyer sa fille dans la ville, elle ne savait que vendre pour amasser assez d'argent pour la nouvelle année scolaire. Tout d'un coup, l'avenir lui paraissait très incertain !

Chaque matin, durant les vacances d'été, Martine se levait très tôt. Elle se rendait chez certains paysans voisins qui embauchaient des jeunes, qui les aidaient tantôt à aller chercher de l'eau à un puits dans la communauté afin d'arroser leur jardin de légumes, tantôt à nettoyer à la ferme en vue d'une petite gratification. Malgré son jeune âge, Martine comprenait les sacrifices que faisait sa mère pour s'occuper d'elle et lui assurer un meilleur futur.

Un dimanche matin, dans une atmosphère très sereine, elle appela sa mère dans la chambre et lui dit :

« Tiens ! Maman, avec cet argent, tu peux m'envoyer à l'école à Port-au-Prince. »

Maggie, très émue, lui répondit : « Martine ma chérie, je t'apprécie beaucoup pour tous ces efforts que tu as déployés. Mais, ma fille, cette somme ne suffit même pas pour payer un mois de scolarité ! Il nous faudra beaucoup plus pour ton éducation, ma chérie. » Maggie la serra fort dans ses bras.

« Mais maman, on dit qu'il y a des écoles gratuites ou à but non lucratif à Port-au-Prince, » répliqua-t-elle.

« Tu veux parler des lycées ? »

« Yeah ! Maman, les lycées. »

« Ma fille, les lycées sont faits pour celles et ceux qui ont des parrains ; mais toi, tu n'as pas de parrain. »

« Mais alors, Michel, qu'est-il pour moi, maman ? » interrogea Martine avec un air triste.

« Ce n'est pas du tout dans ce sens, Martine. Pour que tu sois admise aux lycées, tu dois avoir quelqu'un qui te parraine, c'est-à-dire quelqu'un qui te donne une recommandation spéciale. Même si tu obtenais la note la plus élevée, ma fille, tu ne serais pas acceptée, car entrer au lycée ne se base pas seulement sur ton intellect. Si seulement ton père était vivant ! C'est dans ces moments qu'il me manque le plus. Il aurait été si fier de toi. » Puis, elle pleura amèrement.

Martine, d'un ton très sévère reprit : « Maman, ce n'est pas juste ! Je ne veux pas rester sans aller à l'école l'année prochaine. Tu dois trouver un moyen. »

Après tant de réflexions, Maggie, levant les deux mains vers le ciel, s'écria : « Ô Dieu, viens à notre secours ! Nous avons besoin de ton aide pour savoir ce que nous devons faire. »

« Comment la nature peut-elle sourire à une pauvre petite fille dévouée, mais sans espoir ? Se questionna Maggie. Je sais que Jésus me montrera un moyen. Avant longtemps, je suis sûre que l'aide nous viendra miraculeusement. »

Dès le début du mois de juillet, Maggie afferma le petit lopin de terre où se situait sa maison, et escompta une petite somme entre les mains de Mercidieu Céradieu, le grand usurier de la zone, afin d'envoyer Martine à Port-au-Prince.

Maggie hésitait beaucoup à demander de l'aide à Mercidieu, il n'avait effectivement pas une bonne renommée dans la zone. Ce monsieur était un homme s'étant montré sans cœur par le passé avec ceux qui n'avaient pu lui repayer leur dette.

A la fin du mois de juillet, Maggie écrivit une lettre à sa demi-sœur, Béatrice, qui vivait à Port-au-Prince, afin de lui demander d'accepter que Martine vive chez elle pour le reste de ses études classiques. Dans cette situation embarrassante, Maggie se trouvait dans l'obligation de consentir à d'énormes sacrifices pour assurer l'avenir de sa fille.

En recevant la lettre, Béatrice se sentit très joyeuse, car depuis bien longtemps, elle était à la recherche d'une petite « Rèstavèk» (d'une petite domestique) pour prendre soin de la maison et surtout de Stéphanie, sa fille.

Béatrice répondit sans réfléchir : « Ce n'est pas du tout un problème, ma sœur ! Fais-la venir, elle sera entre de très bonnes mains. »

À la veille de leur arrivée, Béatrice, toute joyeuse de son plan, prépara une chambre pour persuader sa sœur que Martine aurait sa propre chambre et évoluerait dans une situation très confortable. Dans une démarche hypocrite, Béatrice assura à Maggie que Martine recevrait le même traitement qu'elle donnait à Stéphanie, sa fille. Selon elle, Martine serait traitée avec beaucoup d'amour. Ce discours allégea un peu l'inquiétude de Maggie.

Maggie n'avait aucune idée de ce dont était capable sa sœur. Le comble de l'affaire était que Béatrice détestait toujours l'attitude de son père, qui avait abandonné sa mère au profit de la mère de Maggie. Dans ce contexte, Maggie ne se montrait pas si naïve en demandant de l'aide à sa sœur, car elle était en désespoir de cause.

CHAPITRE 2

Arrivée de Martine à Port-au-Prince

Maggie et Martine arrivèrent à Port-au-Prince, avec une mallette faite en acajou, un sac de charbon, un régime de bananes, du maïs, du riz Madame Gougousse, du pois noir et un bocal d'enduit.

Deux jours plus tard, avant que Maggie ne se sépare de Martine, elle avait beaucoup d'amertume en son cœur. Elle dit à Martine : « Martine ma chérie, je t'emmène ici. Fais attention ! La vie à Port-au-Prince est très difficile. Sois très intelligente ! Les gens d'ici ne sont pas comme ceux de Corail. Ne sois pas naïve ! Souviens-toi toujours de tous les principes que je t'ai inculquée. Et moi, je compte sur Dieu. Je ne serai pas avec toi pendant longtemps. Mais rassure-toi, Dieu t'accompagnera toujours. Lis ta Bible comme on le faisait à la maison, chérie. Obéis à ta tante Béatrice. Tu sais très bien que je ne me serais jamais séparé de toi ainsi, si ce n'était pas pour te procurer une vie différente de celle que j'ai eue. Rappelle-toi de mon verset préféré que je te répète souvent : « Mets ta confiance en Dieu de tout ton cœur, et surtout ne te repose pas sur ta propre intelligence. » (Proverbes 3 : 5, BDS)

« Tiens compte de Dieu pour tout ce que tu entreprends, et il te conduira sur le droit chemin. » Proverbes 3 : 5 et 6, BDS).

Puis, elle ajouta : « Écoute très bien, ma fille : Dieu t'a donné deux yeux et deux oreilles afin de voir et d'entendre beaucoup, mais ce même Dieu t'a donné une seule bouche dans le but de parler moins. As-tu bien compris, chérie ? Encore une fois chérie, je ne peux cesser de te demander de ne pas oublier tous les bons principes que je t'ai donnés durant ton temps avec moi. »

« Oui Maman, j'ai tout compris, » répondit Martine avec un air très stupéfait. Maggie n'avait rien d'autre à donner à sa fille, si ce n'était sa foi en Dieu.

Elle se jeta dans les bras de sa maman. Maggie la caressa et la réconforta.

Quelques minutes plus tard, un taxi vint chercher Maggie. Martine l'embrassa et la laissa partir, le visage très pâle. Ainsi, du jour au lendemain, Martine deviendrait une jeune fille autonome, ignorante de ce que sa vie allait devenir.

Maggie, avec le cœur serré, avait laissé son unique enfant derrière, en la regardant dans le rétroviseur. La séparation entre une mère et sa fille n'est jamais une chose facile. En laissant sa fille au soin de sa sœur, Maggie n'avait aucune idée de ce que Martine allait endurer dans son jeune âge.

CHAPITRE 3

La Mélancolie de Maggie

Retournant chez elle à Corail, Maggie se sentit très décon-
certée, comme si c'était la fin de sa vie. Tout paraissait
extrêmement obscur, bouleversant, inquiétant, et même tra-
gique. Elle versa toutes ses larmes jusqu'à en détremper ses vêtements. C'était la première fois depuis 12 ans que la mère et
la fille allaient vivre séparément. Mais elle sut dans son cœur
que l'éducation était l'un des moyens qui conduisaient vers un
avenir meilleur. Elle murmura à voix basse : « Toute seule, sur
un chemin épineux, sombre et glissant, j'ai laissé ma progéniture avec ses pieds nus. Elle marchait toute tremblante, avec
ses idées indécises, dans un pays tout à fait fragile où même
les plus justes tombent dans le malheur. J'espère que Martine,
mon adolescente innocente, sera préservée de tous les dangers
qu'une ville comme Port-au-Prince peut générer. » N'ayant aucune autre option, Maggie remettait tout entre les mains de
Dieu.

La tristesse de Maggie était palpable, et elle trouva son
voyage terrible et tumultueux. Le soir, elle était incapable de
dormir et ne pensait qu'à Martine, sa petite fille. D'un cri de
désespoir, elle hurla à haute voix comme dans un délire : «

Martine ! Martine ! ». Son tourment incita les passagers de l'autobus à tourner la tête pour la regarder, et l'un d'eux lui dit : « Madame ! Si vous êtes folle, vous ne devriez pas voyager toute seule. »

Maggie répondit : « Je suis désolée, mes chers amis, ma tête est très bien placée sur mes épaules. Je suis seulement attristée ! J'ai pris une décision qui me cause beaucoup de souffrance. J'ai laissé mon unique fille à Port-au-Prince, à la recherche d'une vie meilleure certes, mais son absence me cause beaucoup de peine. »

Une autre dame à l'arrière lui adressait la parole : « Je vous comprends très bien madame, parce que je suis dans la même situation que vous. Parfois, il est bon de faire ce genre de sacrifice pour nos enfants. D'ailleurs, vous pouvez aller la voir de temps en temps. Courage Madame, c'est pour son bien ! Elle vous remerciera plus tard. »

Maggie sommeilla ensuite durant tout le voyage jusqu'à son arrivée à Corail.

Avant de reprendre le chemin pour escalader la Montagne-de-Bois-Zombie, Maggie se reposa un peu au pied du flamboyant à côté de la station de l'autobus, avec beaucoup de désolation. Arrivée chez elle après trois heures de marche, elle fit cette prière au seuil de la porte : « Oh Dieu ! Que ton nom soit béni ! Que ton nom soit exalté, Seigneur ! Je te remercie infiniment pour ce long voyage. En route, j'ai vu beaucoup d'accidents, mais je n'avais pas peur. Car tu as gardé mon départ et mon arrivée. Je sais que tu étais en contrôle ; et que tu es toujours en contrôle, Alléluia ! Seigneur, je viens de laisser Martine à Port-au-Prince entre les mains de ma sœur, protège-la pour moi, jour et nuit. Je vois mon chagrin avec courage, puisque la séparation n'a jamais été une chose facile, mais avec ton aide, j'arriverai à me réconforter, Amen ! »

CHAPITRE 4

Maggie dans ses illusions

L e jour le plus long de la vie de Maggie était le lendemain du jeudi 4 octobre, après avoir confié sa fille chérie Martine à sa sœur Béatrice.

Entre temps, Boss Michel, le parrain de Martine, savait déjà que Maggie devait rentrer ce jour-là. Très tôt, il était venu rendre visite à Maggie après son séjour à Port-au-Prince et aussi recevoir les nouvelles de sa filleule, Martine, tant aimée. Après avoir donné toutes les salutations distinguées à sa commère, Boss Michel lui donnait : un litre de lait de vache, quelques patates et deux cassaves.

Maggie était vraiment très contente de recevoir ce petit cadeau. Elle embrassa Boss Michel à nouveau ; puis elle lui dit : « Compère Michel, assieds-toi, laisse-moi te raconter ce qui m'était arrivée : ce matin, je me suis réveillée à six heures dans l'idée de préparer Martine pour l'école. Je m'asseyais sur cette chaise-là que tu vois à côté, et j'attendais qu'elle m'apporte le bocal d'huile de Palma Christi pour que je lui peigne les cheveux. Après quelques minutes, j'ai réalisé que j'étais toute seule dans la maison. Alors, j'ai levé les yeux vers le plafond, et ai crié à haute voix : « Martine ! », mais hélas ! ... Il n'y avait personne dans la chambre. Puis, je regardais les quatre murs de la chambre et un silence complet, parfait comme le cimetière, régnait dans la maison. Et soudain, une grande tristesse m'a enveloppée, et je sentais mon cœur se déchirer en petits morceaux.

Sincèrement, je touchais tout mon corps pour voir si je n'étais pas transportée dans un autre monde.

Franchement compère, je ne me sentais pas dans ma peau ; c'était comme si le soleil s'arrêtait de briller ; et la terre de tourner sur elle-même. Ô mon Dieu, quelle panique ! Pour moi, le monde n'existait plus, et par voie de conséquence la vie cédait sa place au néant. C'était comme si le vent ne soufflait plus, les oiseaux ne se pavanaient plus dans le ciel, les avions et les voitures restaient tous stationnaires. Quant aux ruisseaux et les rivières, ils ne s'écoulaient plus.

« Mon compère Michel ! Je me suis trouvée seule dans une chambre noire, foncée comme le deuil ; je ne faisais que des va-et-vient comme une sentinelle fidèle à son poste. »

« Ensuite, j'ai commencé à entonner à haute voix quelques cantiques du « Recueil des Chants d'Espérance » et à fredonner des petits chœurs inspirés, mais je les ai trouvés trop longs. Puis j'ai ouvert ma Bible, mais je ne savais où je devais commencer à lire, car je réalisais que les versets et les chapitres me paraissaient trop longs. Jean 11 : 35, le verset le plus court devenait le verset le plus long : Esther 8 : 9. Quant au psaume 117, le psaume le plus court, devenait le psaume 119, le plus long. Oh, quelle incertitude ! Rien ne pouvait me réconforter. Sincèrement, je me sentais perdue. Sans Martine, je suis vraiment seule. Elle est mon cœur et ma raison de vivre.

Après toute cette panique, je faisais mille et une réflexions à la minute ! Je me suis exclamée à haute voix : Mon Dieu ! Mon Dieu ! Que ta lumière brille dans ma vie et dans cette maison.

Soudain, un éclat de lumière a percé le plafond et a frappé à mes yeux. J'ai entendu alors une voix douce et tendre qui me disait : « N'aie pas peur ! Je suis toujours là avec toi ! « C'est une autre vie qui va commencer pour toi. » Puis la voix a ajouté : « Maintenant, tu vis dans le chagrin afin de préparer ta vie de joie, de bonheur, de paix et de prospérité ! Sois patiente ! »

Sache-le bien ma fille : « Il y a un temps pour chaque chose ! Un temps pour être attristée, un temps pour être dans la joie, un temps pour être dans la solitude, un temps pour être assistée,... Mets toute ta confiance en moi, je ne t'abandonnerai jamais. Mes yeux sont bels et bien fixés sur toi, nuit et jour. »

Puis la voix s'est tue doucement, comme la douce brise du matin de printemps qui descend de la montagne-de-Bois-Zombie.

Avec un esprit de soumission et d'humilité, je me suis agenouillée, et calmement, j'ai fait cette prière :

« Merci, mon Dieu, d'être venu me visiter dans ma solitude, mon amertume, mes troubles, mes angoisses et ma faiblesse. Tu es un ami spécial inégalable. Tu n'es jamais en retard à ton rendez-vous. Tes yeux se fixent réellement sur tes enfants. Tes promesses sont certaines et véritables. Regarde comment tu es venu à mon secours ! Je te remercie, mon Dieu, mon Seigneur ! Donne à ta servante du courage, de la joie, et de la paix, afin de rester toujours fidèle et fermement connectée à toi, car tu es pour l'homme ce que la sève est à la plante. »

Compère Michel, qui a toujours traité Maggie et Martine comme ses enfants, a assuré Maggie de son support continu envers elle. « Si tu veux, lui dit-il, tu peux préparer la nourriture pour les travailleurs pour moi le samedi. Je ne peux te payer beaucoup, mais cela vaut la peine en attendant que tu trouves un boulot plus rentable. » Maggie était très contente de l'offre. Désormais, elle pourra au moins envoyer un peu d'argent à Béatrice pour l'hébergement de Martine. Michel a toujours été grand ami de la famille, et il a beaucoup aidé Maggie après la mort de Joël, son compère.

CHAPITRE 5

Premières Expériences de Martine avec Béatrice

L e soir étant venu, Martine s'approcha de la chambre pour se reposer. Sa tante, Béatrice, la réprimanda en disant :

« Hé ! Que fais-tu dans cette chambre ? C'était temporairement que je t'avais laissé dormir dans cette chambre. Cette chambre appartient à ma fille, Stéphanie. Tu n'as pas le droit d'y pénétrer sans son autorisation. »

« Viens, tiens ça », ajouta Béatrice.

Martine la regarda avec stupéfaction. Elle fut très surprise de l'attitude de sa tante.

Béatrice lui donna une taie d'oreiller et deux morceaux de drap semblables à des morceaux de tissu oubliés au bord de la ri- vière. Du doigt, elle lui indiqua l'espace sur lequel elle allait do- rénavant se coucher. » Martine n'en croyait pas ses yeux. Même à Corail, où sa maman n'avait pas une maison suffisamment spacieuse, elle disposait de sa petite chambre. Elle ne savait que penser de cette nouvelle situation ni comment y réagir.

Martine ne voulait pas désobéir à sa tante. Et en dépit de son jeune esprit, elle resta convaincue que sa vie allait chan- ger complètement.

Là, devant le lit de sa tante, Martine se couchait. Elle avait du mal à s'endormir, car elle se couchait à même le sol qui était à la fois dur et froid. En d'autres termes, sa nouvelle situation devint extrêmement inconfortable.

Le lendemain matin, Béatrice se leva de très tôt et dit à Martine : « Hé ! Quelle heure est-il maintenant ? Tu es restée au lit sans même bouger. Je n'ai pas de pensionnaire dans cette maison. »

Martine se leva en sursaut avec ses yeux entrouverts et sa bouche retroussée. Elle plaça sa main droite au front comme un soldat qui salue son chef, afin d'obstruer les éclats de la lumière.

Béatrice resta au seuil de la porte d'entrée et dit : « Regarde, tu vois cette maison jaune qui est là-bas, c'est la maison de Boss Sainton. Chaque matin, c'est là que tu dois aller prendre de l'eau pour remplir le 'drum'. Quand tu auras fini, tu arroseras les fleurs et tu nettoieras complètement la maison. Surtout, fais attention à ne pas réveiller Stéphanie. Ensuite, je te donnerai d'autres choses à faire. Est-ce que tu as bien compris ? »

« Oui, ma tante, j'ai très bien compris, » lui répondit-elle.

Ainsi, chaque matin, Martine se levait et allait acheter de l'eau avec ses deux gallons : un dans chaque main. Prudemment, elle regarda les deux extrémités de la rue pour voir s'il n'y avait pas de voitures qui arrivaient ; puis tranquillement, elle traversait la rue. Elle était très inquiète, car étant enfant unique, elle a toujours été la prunelle des yeux de Maggie. Nul n'a besoin de dire combien elle sentait déjà la différence de sa vie.

Par ailleurs, une fois arrivée devant la maison jaune, Martine n'avait aucun sourire aux lèvres, parce qu'à chaque fois qu'elle avançait pour remplir ses deux gallons, une autre personne passait devant elle. Elle resta tranquille sans se plaindre, puisqu'elle était sans défense.

Il y a des jours où la pauvre fille ne se sentait pas capable de continuer à aller prendre de l'eau, mais elle ne pouvait pas tenir tête à sa tante, spécialement quand Stéphanie, sa cousine, dormait à ce moment-là.

« Seigneur, dit Martine, donne-moi de la sagesse afin de surmonter ces menaces. » Cette prière se renforçait surtout lorsque les autres enfants du quartier la bousculaient. Cette fillette sans défense, nouvellement arrivée, n'avait pas l'habitude de se mesurer aux taquins.

CHAPITRE 6

L'Enthousiasme de Martine pour Son Education Classique

Deux semaines plus tard, Martine dit à sa tante : « Ma tante, les inscriptions au lycée Marie-Jeanne sont fixées à lundi prochain. »

Tante Béatrice lui répondit : « Et alors, pourquoi tu es si contente ? ... Tu penses que tu vas réussir ? Pendant trois années d'affilée, ma fille, Stéphanie a participé aux concours d'admission du lycée Marie-Jeanne, elle n'a jamais réussi. As-tu oublié d'où tu viens ? C'est de la province de Corail, que tu viens, pour ne pas dire du sommet de la Montagne-de-Bois-Zombie, ajouta Béatrice avec dédain. »

Au même moment, Martine reprit la parole avec ses yeux roux, et déclara à sa tante dans toute son innocence : « Ma tante, sur le sommet de la Montagne-de-Bois-Zombie, il y a un soleil qui brille chaque jour et qui éclaire tous les habitants de la Vallée. Ce soleil ne fait aucune discrimination. Il éclaire les malheureux et les riches. Il éclaire les savants et les ignorants. C'est le Dieu de maman qui l'a placé pour nous éclairer. Cependant, on ne lui accorde aucune importance. Malgré tout, il nous protège contre certaines épidémies et purifie l'air que nous respirons. Sa présence s'avère nécessaire dans la nature. Grâce à lui, nous avons de la vitamine D. Par conséquent, les habitants tombent rarement malades. C'est quand il est couvert de grands nuages noirs qu'on reconnaît son importance. Ma tante ! C'est dans l'obscurité qu'on parvient à reconnaître l'importance d'une lampe. »

Béatrice, furieuse, et même jalouse du langage dans lequel s'exprimait sa nièce, lui jeta un regard dédaigneux.

Martine poursuivit : « Ma tante, laisse-moi te dire une chose, au nom du Dieu de maman, mon nom sortira de toutes les lèvres des habitants de Corail, en commençant par la Montagne-de-Bois-Zombie pour arriver jusqu'à la Vallée. Aussi, il y arrivera un jour où le nom du Dieu de maman sera écrit sur le seuil de toutes les maisons de Corail. Il est un Dieu de justice et de vérité, m'a dit toujours maman. »

« Écoute ma tante ! Maman m'a toujours demandé de prier Dieu si j'ai besoin de quelque chose. Et de son côté, elle en fait de même pour moi. Et jusqu'à présent, ma tante, nous n'avons jamais été déçues. Je sais que maman prie constamment pour mes études. C'est pour cela que je suis sûre que je réussirai aux examens d'admission du lycée Marie-Jeanne.

Regarde-moi, ma tante ! Dans la mer, il y a un passage à pied sec, et dans le désert, une source d'eau fraîche. Cependant, je sais que seul le Dieu de maman connaît ces endroits, car il est omniscient. Mon heure n'est pas encore arrivée, mais je sais qu'un jour, il me dirigera vers ces endroits. Ce jour-là, je chanterai, et danserai pour lui, et l'écho de ma voix percera le firmament pour arriver jusqu'à ses oreilles ! Et ce sera la fin de ma misère !

Ha ! Ha ! Le Dieu de maman fit traverser le peuple d'Israël au milieu de la Mer Rouge à bras étendus et à pied sec. Puis, dans une autre occasion, il ordonna à Moïse de frapper le rocher, et de l'eau en coula. Ensuite, le peuple en but. Vive le Dieu de maman ! Que son saint nom soit béni !

Béatrice resta bouche bée, comme une muette ; car elle fut étonnée de toute la sagesse de sa nièce.

Puis, Béatrice reprit la parole en adoucissant sa voix, et dit : « Tu n'as même pas un parrain ! Comment vas-tu faire pour réussir ? »

Ma tante ! Maman me révéla toujours depuis la mort de mon papa que Dieu a absolument été le meilleur des papas qui nous a aidées quand j'étais à Corail. Je suis très certaine qu'il va agir très spécialement en ma faveur, » répliqua Martine.

« Alors, tu vois ma tante, j'ai un parrain qui a beaucoup de filleuls, mais tout simplement, il a agi différemment pour chacun d'eux. Je suis très certaine qu'il va agir très spécialement en ma faveur, » lui ajouta Martine.

Béatrice n'a pas été élevée comme Maggie dans la foi religieuse. Sa nièce a certainement un impact positif sur elle. Surtout, à cet âge, la fille parle de Dieu avec autant de conviction et de confiance.

« Qui est donc ce parrain ? » Interrogea Béatrice.

« C'est Dieu ! » Répondit Martine.

« Dieu. Hein ! Que sais-tu de Dieu ? » Interrogea Béatrice.

« Je ne sais pas grand-chose de Dieu, mais Dieu sait toute chose de moi, ma tante » répliquait Martine.

Puis Martine ajouta : « C'est par le cœur, et non par l'intelligence, que l'homme apprend à connaître Dieu. D'ailleurs, c'est lui qui s'identifie à nous, car nous étions tous errants, perdus dans le péché, et nos voies n'étaient pas ses voies. »

De toute façon, ma tante, dans mon rêve avant-hier soir, j'ai vu un personnage qui portait une robe blanche très resplendissante. L'ombre du pan de sa robe couvrait toute la surface de la chambre, et il m'a dit : « Ma fille, j'ai déjà mis une semence en toi. Que cette semence germe et porte beaucoup de fruits afin que les autres puissent en bénéficier aussi ! Je serai avec toi dans toutes tes entreprises. Puis, il s'en alla. »

Je me suis réveillée toute tremblante, et je priais Dieu. Tout au long de ma prière, je criais à haute voix : « Je reçois cette bénédiction du Dieu de maman, celui qui déclare et la chose arrive. Qu'il soit ainsi dans ma vie ! »

Tante Béatrice s'avança plus près d'elle en lui tordant l'oreille droite, et lui demanda : « Si tu ne rêves pas, qui aura la chance de rêver ? Car tu dormais avec ton ventre bien rempli. »

Martine répondit : je n'ai rien dit de mal. Maman me demande toujours de compter sur Dieu. Pourquoi me tords-tu l'oreille ?

Toujours est-il, Béatrice s'accrochait à son plan malicieux pour ne pas aider Martine. Mais la sagesse de la petite fille était extraordinaire. Elle était mature pour son âge. Sa modeste provenance ne produisait pas en elle la timidité de certaines filles de son âge. Et Béatrice se sentit embarrassée en voyant que la petite paysanne fasse preuve de tant d'intelligence.

Martine s'éloigna d'un petit peu plus loin de sa tante et lui dit : « N'oublie pas ma tante, parfois Dieu utilise les songes, les visions, les communications verbales et la Bible comme communication écrite pour se faire connaître. En tout cas, hier soir, il me parlait très clairement dans mon songe. »

Ensuite, elle ajouta : « Ma tante, je participerai aux examens, et je réussirai au nom de Dieu. »

« Si Dieu est pour moi, qui sera contre moi. » (Romains 8 : 31, LSG)

Ma foi en Dieu me permettra de célébrer ma réussite même avant d'affronter les examens. Ha ! Ha ! Ha ! Je sais que les gens diront que je suis folle. Je suis toute prête à leur répondre que je suis folle, car je vois quelque chose qu'ils ne voient pas. Aussi, je sens quelque chose qu'ils ne sentent pas, parce qu'ils n'ont pas de narines et d'oreilles spirituelles.

La victoire est à celui qui met sa confiance en Jésus et qui fait sa volonté.

C'était au nom de l'Éternel que David avança sur Goliath. Et il sortit victorieux. Eh bien ! Moi aussi, je vais affronter les examens au nom de l'Éternel ; et je serai victorieuse.

Béatrice ne digéra pas l'audace et la confiance de sa nièce. Clouée de surprise, elle ne put détacher sa main droite de la moitié de sa bouche !

Peu de temps après cette conversation, Martine subit les examens au Lycée Marie-Jeanne en dépit de la disponibilité insuffisante qu'elle avait eue pour se préparer, car Béatrice lui confia beaucoup de responsabilités dans la maison.

CHAPITRE 7

Résultats de l'Examen d'Admission

Quelques jours plus tard, les résultats étaient déjà promulgués. Martine fut la première lauréate au grand concours d'admission du lycée Marie-Jeanne. Ceci fut une grande victoire pour elle, mais une grande surprise pour sa tante, Béatrice.

En cours de route, Martine se voltigeait comme un papillon de Saint-Jean, et dansait comme un oiseau-mouche qui suce du sucre dans les fleurs. Ensuite, elle pleurait de joie. Toujours ne sachant pas que sa tante qui la considérait comme une « restavèk », (une petite domestique), ne lui permettrait pas d'aller à l'école le matin comme sa cousine Stéphanie, parce qu'elle devait s'occuper de la maison.

Arrivée chez elle, elle ouvrit la porte et dit : « Ma tante, ma tante ! J'ai réussi, j'ai réussi ! » Merci Seigneur ! Gloire à Dieu ! Gloire à Jésus ! Que tu es merveilleux ! Que tu es précis en ta parole !

Béatrice n'exprima aucune joie. Au contraire, elle demanda à Martine : « As-tu bien vérifié ? Es-tu certaine que tu as vu ton nom ? N'y avait-il aucune autre Martine qui participait à ce concours ? »

Ma tante, même s'il y avait une autre Martine Baudelaire aux examens, cette Martine Baudelaire que je regarde maintenant de mes propres yeux dans le rapport, c'est bien moi : Martine Baudelaire de la Montagne-de-Bois-Zombie à Corail, fille de Maggie Pierre Baudelaire et de Joël Baudelaire, décédé.

Martine, intelligente et très sage pour son âge, comprit tout de suite l'attitude de Béatrice. Puis, elle se déplaça rapidement.

Pendant qu'elle se déplaçait, Béatrice, indifférente à sa bonne nouvelle, lui demanda : « Hé, Jeune fille ! As-tu déjà balayé la maison ? »

« Oui, ma tante, je l'avais déjà fait, » répondit-elle.

« Va donc la balayer à nouveau, car quatre heures se sont déjà écoulées. Il y a de la poussière sur tous les meubles. Ensuite, passe à la préparation du dîner.

« Oui, ma tante, je vais le faire à nouveau », répondit Martine.

Durant le dîner, Martine devait rester debout comme une bougie allumée auprès de la table afin de servir du jus à Stéphanie et à Béatrice. Ensuite, elle devait attendre jusqu'à la fin du repas pour nettoyer la table et laver les vaisselles. Après quoi, elle pourrait s'en aller préparer sa nourriture.

Tante Béatrice lui donna une petite quantité de maïs moulu, en disant : « Tiens Martine. Je n'ai pas d'huile. Essaie de décrasser le bocal, ensuite, j'ai une gousse d'ail sur l'étagère et quelques grains de poivre. Débrouille-toi, « Jen-n fi nan mòn pa kon-n mare ! »

« Merci beaucoup ma tante ! Que Dieu te bénisse abondamment ! »Pendant qu'elle préparait sa nourriture, elle priait Dieu à voix basse :

« Seigneur, donne à ma tante un cœur de chair.

Et dépose en elle ton suprême amour incomparable.

Ton amour est une arme puissante pour combattre la haine et la jalousie !

Ton amour est fragile, mais il est impérissable !

Il est sans discrimination aucune !

Un cœur sans amour est un cœur desséché, faible et insensible.

Entends donc ma voix, Seigneur !

Je sais que ton amour est patient, bon et compatissant.

C'est pour cette raison que je suis très patiente.

Que ton amour se promène de cœur en cœur

Comme des abeilles qui butinent de fleur en fleurs.

Ô Dieu ! Ton agréable amour est infatigable !

Il est le poumon du changement de toute société !

Et enfin, il est l'âme du monde ! »

Puis, Martine ajouta :

Je n'ai pas trop bien compris la joie de maman. Elle vit dans la misère, tandis qu'elle chante toujours la gloire de Dieu. Elle vit au jour le jour. Hein ! Pour moi, ce n'est pas possible. Très souvent, je me pose la question : de quel esprit maman est-elle animée ? Le soir, avant de se coucher, que demande-t-elle à Dieu ? Et le matin, au lever du soleil, que lui dit-elle ?

Madame Sorel, la voisine, est née le même jour que maman, a grandi dans la même zone, elle n'est même pas chrétienne. Cependant, elle a un commerce florissant. Elle est très reconnue dans la zone. Les gens viennent de toutes parts pour acheter ses marchandises. C'est sans doute, à tout moment de la journée, qu'elle parle de profit, de bénéfice...

Je me rappelle un jour, maman m'a envoyé acheter dix centimes de pâte de tomates chez Madame Sorel. Cette dernière était as sise sur un gros fauteuil, elle m'a dit : « Il n'y a personne pour te vendre. Je ne vais pas me lever pour dix centimes de pâte de tomates ou de purée de tomates. D'ailleurs, je ne vends pas de pâte de tomates toute seule. Il faut acheter de l'huile aussi. »

Je l'ai regardée dans les yeux. Puis, je me suis déplacée avec des larmes aux yeux. Arrivée chez moi, je me jetais dans les bras de maman ; et nous avons pleuré comme deux petites filles. Heureusement, nous avions eu un reste de "roucou" dans la calebasse, nous pouvions nous en servir en lieu et place de pâte de tomates. Après quelques minutes, j'ai repris ma force, car je me rappelle, sur la bordure de l'une des camionnettes que j'avais vues dans la Vallée, était écrit : « Dernière Occasion ». Aussitôt, je disais à maman : « Prends donc courage et sois patiente dans l'affliction. Effectivement, la patience est amère, mais son fruit est doux et juteux. Un jour, tu ne seras pas humiliée puisque ton Dieu est un « Dieu de Dernière Occasion ». Quand les gens pensent que tout est fini pour nous, la « Dernière Occasion » interviendra. Une seule chose que nous devons faire, c'est de compter sur ses bienfaits et ses promesses. Car ses promesses sont véritables et certaines. Elles ne failliront jamais, maman ! »

Je me rappelle, maman m'avait dit : « C'est dans la station que nous nous trouvons maintenant. Nous devons comprendre que : tristesse, découragement, anxiété, tourment, chagrin, désespoir, épreuves, … Tous vont faire surface dans cette attente juste pour nous faire perdre la foi, mais quand la « Dernière Occasion » arrivera, ce sera la joie, la paix, l'allégresse et la tranquillité. »

Maggie était très fière de la maturité de sa fille et de son inspiration. Cette dimension de la fille l'avait poussée à pleurer de joie.

CHAPITRE 8

Recommandations de Maggie à Martine

Il faut toujours faire attention, ma fille : certaines fois, c'est dans nos besoins que l'adversaire, Satan, le diable, nous tente. Cependant, il a oublié qu'en dépit de notre état de faiblesse, la puissance de Dieu est constamment active en nous. C'est là sa grande déception !

Après avoir jeûné quarante jours et quarante nuits, Jésus eut faim. Satan, le tentateur, était venu le tenter en lui demandant de transformer des pierres en pain. Mais Jésus lui répondit : l'homme ne vit pas de pain seulement, mais de toute parole qui sort de la bouche de Dieu, (Matt 4 : 44, LSG). Jésus a été tenté maintes occasions par Satan, mais il n'a commis aucun péché parce qu'il n'a pas obéi aux ordres de cet adversaire redoutable.

A remarquer que quand Satan tentait Jésus avec des choses physiques, Jésus lui dit : « Car il est écrit » et quand, c'est avec de la parole, Jésus lui dit : « Car il est aussi écrit. » Parce que Jésus connait la puissance de la parole de Dieu.

Par exemple, dans Matthieu 4 : 1-11, LSG, nous retrouvons tout ceci :

Le diable transporta Jésus dans la ville sainte. Il le plaça au sommet du temple, et lui dit : « Si tu es le fils de Dieu, jette-toi en bas ! En effet, il est écrit : Il donnera des ordres à ses anges à ton sujet ; et ils te porteront sur les mains, de peur que ton pied ne heurte contre une pierre. »

Jésus lui dit : « Il est aussi écrit : tu ne provoqueras pas le Seigneur ton Dieu. » Le diable le transportera encore sur une montagne très élevée, lui montra tous les royaumes du monde et leur gloire, et lui dit : « Je te donnerai tout cela, si tu te prosternes pour m'adorer. »

Jésus lui dit alors : « Retire-toi, Satan ! En effet, il est écrit : c'est le Seigneur, ton Dieu, que tu adoreras, et c'est lui seul que tu serviras. »

Alors le diable le laissa. Et voici que des anges s'approchèrent de Jésus et le servirent.

Ma fille ! Lui ajouta Maggie : sans une bonne connaissance de la parole de Dieu, nous ne pourrons pas repousser Satan avec ses offres ; car il vient vers nous sous plusieurs formes ou noms, tels que :

Satan, d'après (Matt. 16 : 23), c'est-à-dire l'adversaire, celui qui s'oppose à Dieu et aux siens ; le diable (Luc 4 : 2), ce qui signifie l'accusateur, le calomniateur, et spécialement « l'accusateur des frères » (Apoc. 12 : 10) ; le serpent (2 Cor. 11 : 3), à cause de sa ruse, et parce qu'il s'est servi de cet animal pour séduire Ève en Eden ; le serpent ancien (Apoc. 12 : 9), parce qu'il entraîna l'homme au mal dès le commencement ;

le dragon, autrement dit qui se sert des puissances du monde pour faire le mal ; le tentateur (Matt. 4:3) ; l'ennemi (Matt. 13 : 25) ; le chef de ce monde (Jean 12 : 31) ; le chef de l'autorité de l'air (Éph. 2 : 2) ; le dieu de ce siècle (2 Cor. 4 : 4) ; le Méchant (1 Jean 3 : 12), etc.

Satan et ses acolytes utilisent le doute et le mensonge pour dérouter les enfants de Dieu. C'est pourquoi la première arme spirituelle que l'apôtre Paul nous recommande de porter, c'est la ceinture de la vérité (Ephésiens 6 : 13). C'est avec cette dernière qu'il nous faut, pour contrecarrer le diable, pour ne pas tomber dans ses pièges ou dans ses embûches.

Après avoir écouté attentivement sa maman, Martine dit : « Maman, j'entends souffler à cette heure même dans la forêt le vent de notre délivrance. Il fraye un chemin à travers les arbres afin de nous apporter une odeur douce et agréable. Il vient jusqu'à nous, pour réchauffer notre cœur et refroidir notre souci, notre angoisse, nos émotions, … Tu sais très bien, maman, que le vent est le symbole du Saint-Esprit !

Puis, j'ai vu les éclats du soleil qui percent des nuages noirs pour parvenir jusqu'à nous, pour nous apporter de l'énergie spirituelle. Sans cette énergie, nous nous succomberons toutes les deux sous le poids du découragement, car notre force s'épuisera considérablement.

Maman ! Nous devons rester patientes, car rien n'est impossible à Dieu. Il est le Dieu de la possibilité dans l'impossibilité, me dis-tu constamment. Quand les gens nous regardent, ils disent en eux-mêmes que c'est fini pour nous. Le Dieu de l'impossible interviendra et dit : « Maintenant, je vais commencer. » Le point final pour les hommes est le début d'un autre chapitre pour Dieu.

Mamie ! « Notre foi en Dieu, c'est la base fondamentale de notre patience et notre réussite. »

Ensuite, Martine toucha gentiment la tête de sa maman, en disant :

« Maman, ne te décourage pas, car ton Dieu apporte toujours de la lumière dans les cœurs ténébreux, de l'abondance là où il y a de la famine, de la joie dans les cœurs attristés. N'oublie pas maman ! C'est lui qui nous sert de rempart et d'abri contre les gros rochers qui glissent chaque jour du sommet de la montagne. » Alors, tu vois maman, ton Dieu est protecteur !

Maggie admire beaucoup le genre de fille qu'elle voit en sa fille : intelligente, courageuse, et surtout déterminée. Elle voit déjà, malgré son jeune âge, la femme qu'elle deviendra.

CHAPITRE 9

La Conversion de Martine

À présent, de tout mon cœur, de tout mon esprit, et de toute mon âme, je veux faire du Dieu de maman, mon Dieu aussi, car il est un Dieu sans pareil. C'est un Dieu d'amour et de grâce. Il est souverain : il fait ce qu'il veut. Je mettrai toute ma confiance en lui et en lui seul. Maman et moi avons fait de très grandes expériences avec lui ; il ne nous a jamais repoussés, au contraire, il a pitié de nous. Il est temps pour moi de crier à haute voix : le Dieu de maman est aussi le Dieu de Martine Baudelaire, Ha ! Ha ! Vive le Dieu riche en bonté, riche en miséricorde, riche en amour, riche en compassion… Alléluia ! Que son saint Nom soit béni !

Si un jour, je me mariais, j'aimerais que mes enfants fassent de mon Dieu leur Dieu. Ainsi, nous l'adorions tous ensemble partout et ailleurs, dans les bons jours comme dans les mauvais jours, depuis la Montagne-de-Bois-Zombie jusqu'à la Vallée. Je sais déjà que les gens seront très jaloux de nous, mais notre décision ou notre position ne changera jamais.

Maman et moi vivions dans la misère, mais notre Dieu ne nous laissait jamais tomber dans la tentation. Mon cœur était vivement touché quand maman n'avait rien à me donner à manger le matin. Malgré tout, j'avais toujours un sourire audacieux sur mon visage, car je ne voulais pas que mes amis à l'école le sachent, sinon ils me mettraient en quarantaine. Parfois, j'ai eu un petit morceau de pain dans la poche de ma jupe, durant la récréation, je l'ai rongé en cachette pour empêcher que mes amis aient connaissance de ma situation financière.

Dans le quartier, fort heureusement, à l'exception de Madame Sorel, nous n'avions pas ni voisin, ni voisine à nos côtés. Dans le cas contraire, notre honte aurait été plus visible. Certaines personnes aiment s'occuper des affaires des autres. Quand j'ai eu faim, j'ai appliqué le conseil de maman : « Mets un peu de sel dans de l'eau, puis bois-le. » Cette boisson créole n'est pas savoureuse, mais elle m'a beaucoup soulagée.

Par ailleurs, la saison des mangues apportait de la joie de certaines familles dans la zone. Souvent, j'ai mangé de mangues comme déjeuner, dîner et souper. En conséquence, le lendemain matin, des vers intestinaux faisaient la guerre dans mon ventre comme une armée en rébellion. En revanche, les feuilles de « Simen Kontra » et les feuilles de « langlichat » jouaient le rôle des reines de paix dans mon ventre. Grâce à leur puissance et leur autorité en matière de plantes médicinales, cette guerre n'a pas pu perdurer. A ce sujet, oublierais-je Rose-Marie, Antoinette, Ti-Lucien, Ti-Ga ? Tous étaient dans la même situation que moi.

Malgré tout, maman m'a toujours demandé de garder ma dignité intacte. Elle m'a appris à cultiver l'espoir que notre situation changera au moment opportun sur le chemin de la grâce de Dieu.

CHAPITRE 10

Sacrifice de Maggie pour sa fille

Chaque mois, Maggie devait payer six gourdes à Céradieu Mercidieu, le chef de section de la zone. Lequel chef de section écrivait une lettre que Maggie envoyait à sa fille. Et Martine, à son tour, la recevait du chauffeur du camion portant l'écriteau « Kris Kapab » à la station des autobus des Cayes à Port-au-Prince.

C'était toujours avec joie au cœur que Martine recevait les lettres de sa maman. Mais cette fois-ci, elle était très impatiente par rapport à la teneur de la lettre, car elle ne voulait pas que sa maman soit informée que les choses n'allaient pas bien pour elle chez sa tante, Béatrice. Ainsi, en chemin, elle ouvrit l'enveloppe et commença à lire :

Corail, 12 fevriye

Bonjour Martine,

Ojourduir c'est un réel plezi pou mwa de prann ma plim pour te fe paveni cette letre. Koman va tu ? Koman va lekol ? Je pense bocou à toi. Mon lespri est toujou tonbe sur toi. Je sais que tu es trèzalèz chez ma sœur. Depi devan mwa, tu avais ta prop chanm.

36

Je prie bon Dieu nan ciel-la, pour ma sœur kenbe toi comme ça. Il fo que tu toujou obéi à ma sœur, le même amour kèl a pour toi est le mèm amour que je pou toi.

De mon kote ça va très bien gras de Dieu. J'ai selman une petite douleur au pied gòch, aprè sa tou va bien ma fille. Ti manman kabrite-la fait un petit kabrite. Moi déjà savoir que tu es contente bokou anpil.

Je envoye 10 goudes pou toi, pou achte ce que tu vle. Pa ocupe ti gason nan portoprins kap rance dans ta tete. Yap fini pote toi ale epui yap fait chante sur toi. Kenbe la ma fille, ne lague pas.

Boss Roger anvoi bonjou pou toi. Dada pitit ti fanm anvoi bonjou pou toi. Parenn Michel envoi bonjou pou toi. Tonton Dejafete anvoi bonjou pou toi.

Ta maman chérie, Maggie

Arrivée chez elle, elle dit à sa tante qu'elle a eu les nouvelles de sa mère.

« Ne me dis pas que tu étais allée à la station, » répliqua Béatrice.

« Oui, ma tante, je t'avais demandé permission d'y aller hier soir ! » Répondit-elle.

« Tu n'as pas eu peur d'être égarée, » dit Béatrice.

« O ma tante ! J'ai 16 ans maintenant. D'ailleurs, je suis en troisième secondaire, je pourrais demander à n'importe quelle personne de me retracer menant à la ruelle Nazon, » répondit Martine.

« Tu as déjà lavé les sous-vêtements de Stéphanie, » lui demanda tante Béatrice.

« Oui, ma tante, depuis ce matin, avant même de quitter la maison…, » répondit Martine.

« Eh bien ! Laisse-moi voir, va… Va… Laver les assiettes, surtout les chaudières. Attention ! Les chaudières doivent me servir de miroir. Tu as compris ce que je veux dire ? » Lui dit Béatrice avec un ton très sévère.

« Oui ma tante, j'ai très bien compris ! » Répondit-elle.

Martine s'éloigna subtilement de sa tante Béatrice, mais très embarrassée.

Béatrice déploya toute sa méchanceté pour faire obstacle au succès scolaire de sa nièce. Elle lui combla de travaux domestiques dans le but de réduire au possible le temps qu'elle devrait consacrer à ses études.

CHAPITRE 11

Progression Académique de Martine

Deux ans plus tard, Martine fut en rhétorique. Et tante Béatrice s'accrocha au même comportement vis-à-vis d'elle. La fille de Maggie dut s'occuper de la maison, prendre soin de Stéphanie et tout le reste. Stéphanie, la privilégiée de la maison, ne brillait pas comme Martine. En dépit de vie princière, la performance académie de sa cousine piétinée n'a pas fouetté son orgueil.

Martine n'a eu aucun moment de loisir dans sa vie. Chaque fois qu'elle étudiait ses leçons, tante Béatrice la dérangeait. Si elle ne lui demandait pas de l'eau, elle lui intimait l'ordre de préparer le petit déjeuner pour le lendemain. Béatrice faisait de son mieux pour saboter les progrès académiques de Martine. Comprenant très bien le jeu malicieux que jouait sa tante, Martine utilisait son temps intelligemment. Elle plaçait un morceau de papier contenant des formules de mathématiques, de physiques et de chimie au haut de porte de la cuisine. En temps et lieu, elle y jetait un coup d'œil attentif. Elle était studieuse, mais puisque sa tante lui accordait très peu de temps libre, elle profitait de tous les petits intervalles qu'elle trouvait pour se consacrer à ses études.

Elle s'appuyait beaucoup sur sa foi héritée de sa mère. Elle priait constamment Dieu.

Pendant que Martine nettoyait les chaudières, elle monologua :

« Seigneur Jésus, tu me connais déjà, car c'est toi qui m'as créée !

Tu vois ma douleur et ma détresse !

Jusques à quand ma situation se changera-t-elle ?

J'ai perdu mon sourire, j'ai perdu ma beauté !

J'ai perdu mes cheveux et mes ongles !

J'ai perdu ma joie et ma paix !

J'ai perdu mon affection et ma tendresse !

Martine observa combien elle était différente des autres jeunes filles de son âge. Il n'y avait aucune autre possibilité d'échapper à cette misère noire qui s'installa chez sa tante. Elle se posait souvent la question : Ti-Moumoune, Francesca et Sheila, est-ce qu'elles n'ont pas une maman comme moi ? Elles sont absolument à l'aise chez elles. Tous les après-midi, à compter de cinq heures, elles sautent à la corde, jouent des osselets, etc.

Il parait que je suis née sous une mauvaise étoile ou mon étoile ne scintille pas dans le ciel. Peut-être, quand je suis née, la misère avait aussi pris naissance. Jusques à quand ma tristesse changera-t-elle en joie ? Pourquoi ma tante ne se repent-elle pas ? De quoi suis-je coupable pour que la sœur de maman ne m'aide pas à vivre heureuse comme ma cousine Stéphanie ?

Maman lui fait confiance, sinon, elle ne m'aurait pas laissé seule ici dans cette misère.

Seigneur, pourquoi ne m'avais-tu pas laissé vivre à Corail ? Sûrement, avec une petite barque de marchandises sur ma tête, ma douleur et ma souffrance seraient bien meilleures que celles d'ici.

Les esclaves des champs avaient un petit moment de repos, mais moi, je travaille comme la bourrique de Boss Darius à Corail.

Si Maggie savait ce que Martine endure chez sa tante, elle viendrait immédiatement l'arracher de cette misère intolérable. Mais sachant le rêve de maman pour elle, elle s'adaptait à la situation intenable qui battait son plein. Son avenir est très important pour sa mère.

Puis, Martine alla dans un coin de la cuisine pour monologuer :

Je n'ai jamais raconté cela à maman pour éviter de la plonger dans le chagrin, car elle sait que je suis absolument bien traitée ici. Et pourtant, les choses ne vont pas bon train. Franchement, je ne m'attendais pas à cela. Et même si dans la vie, il faut s'attendre à tout, mais… Je dois avoir un autre plan d'action pour ma vie.

N'ayant pas d'amies, son seul réconfort est la parole de Dieu. C'est ce qu'elle a vu adopter sa mère durant toute sa vie à Corail.

Puis, Martine ouvrit sa Bible, et lut le psaume 84, LSG :

Que tes demeures sont aimables, Eternel des armées !

Mon âme soupire et languit après les parvis de l'éternel,

Mon cœur et ma chair poussent des cris devant le Dieu vivant.

Le passereau même trouve une maison, et l'hirondelle un nid où elle dépose ses petits…

Tes autels, Eternel des armées ! Mon roi et mon Dieu !

Heureux ceux qui habitent ta maison ! Ils peuvent te célébrer encore. Pause.

Heureux ceux qui placent en toi leur appui !

Ils trouvent dans leur cœur des chemins tout tracés.

Lorsqu'ils traversent la vallée de Baca, ils la transforment en un lieu plein de sources.

Et la pluie la couvre aussi de bénédictions.

Leur force augmente pendant la marche, et ils se présentent devant Dieu à Sion.

Eternel, Dieu des armées, écoute ma prière !

Prête l'oreille, Dieu de Jacob ! -Pause.

Toi qui es notre bouclier, vois, ô Dieu !

Et regarde la force de ton oint !

Mieux vaut un séjour dans tes parvis que mille ailleurs ; je préfère me tenir sur le seuil de la maison de mon Dieu, plutôt que d'habiter sous les tentes de la méchanceté.

Car l'éternel Dieu est un soleil et un bouclier,

L'Eternel donne la grâce et la gloire, il ne refuse aucun bien à ceux qui marchent dans l'intégrité.

Eternel des armées ! Heureux l'homme qui se confie en toi !

Puis, Martine se déplaça timidement. Pendant qu'elle s'en allait, elle jeta un coup d'œil dans la claire-voie, et elle vit Sophonie, Fabienne, Marie-Alice, Judith, et Tamar qui jouaient dans la cour : Cache-Cache Lubin, Ronde des Ecoliers, Louloupe-Louloupe, et Marelle, avec les autres enfants. Immédiatement, des larmes invisibles bouillonnaient dans son cœur au point de le noyer. Malheureusement pour Martine, ces larmes-là sont très difficiles à sécher.

La situation économique de Maggie n'était pas améliorée au fil des années. La petite somme qu'elle envoyait à Martine ne suffisait pas pour satisfaire les soins de la jeune femme qu'elle était devenue.

Béatrice avait bien fait comprendre à Martine qu'elle l'hébergeait, et elle ne lui devait rien d'autre. La jeune fille s'occupait de la maison et de sa cousine Stéphanie aussi. Elle était constamment occupée. Le soir, quand elle allait finalement se coucher à même le sol, l'inconfort aggravait sa fatigue.

CHAPITRE 12

Nouvelle Aventure de Martine et Sa Rencontre Avec Philippe

Trois mois plus tard, Martine trouva un petit travail à l'Abeille S.A. à Lalue. Elle économisa une petite somme d'argent. Puis, elle quitta la maison de sa tante et alla habiter toute seule dans une chambre de maison à la ruelle Berne à Bois-Verna. Sa maman n'était pas trop contente, mais c'était le seul moyen pour elle, non seulement de trouver de loisir, mais aussi de s'échapper aux mauvais traitements de sa tante. Après ses études classiques au lycée Marie-Jeanne, Martine alla à la Faculté des Sciences Appliquées (F.D.S.A.). Là, elle étudiait le génie civil.

Dès le premier jour de classe, Martine a rencontré Philippe sur la cour de l'école. Ce dernier s'approcha d'elle, et lui dit : « Hé, bonjour, je suis Philippe. Comment vas-tu ? Je t'avais vue tout à l'heure dans la salle. As-tu très bien compris le cours d'électrostatique que dispensait le professeur ? »

Martine lui répondit : « Oh Yeah ! J'ai tout compris. »

Philippe lui répondit : « Quoi ? Tu as tout compris ! Mais ce cours est extrêmement difficile à comprendre. Je n'arrive pas à m'y adapter. Par contre, je marche vers la résolution de tout laisser tomber. D'ailleurs, je n'aime pas ce professeur. »

« Ecoute, Philippe ! Ce n'est pas avec le professeur que tu as un problème, mais plutôt avec le cours. Je pense que si tu déploies un très grand effort, tu arriveras, non seulement à croire en monsieur Jean-Pierre, mais aussi à aimer le cours. D'ailleurs, si tu es là pour le génie civil, tu ne peux pas écarter ce cours. Même si on change le professeur, si c'est toi qui as de lacune, le problème restera et demeurera entier.

Je réalise que la décision de quitter le cours d'électrostatique vient trop rapidement. Parfois, on n'a même pas pris le temps d'enquêter sur une chose ou sur une personne, on la condamne sans critère.

Philippe ! Prends du temps à réfléchir là-dessus, après quoi, tu pourras décider. Surtout, fais beaucoup de confiance à Monsieur Jean-Pierre, et concentre-toi sur le cours.

Imagine-toi, un médicament peut être amer et répugnant comme du fiel, mais si ton médecin te fait croire que c'est l'unique médicament qui puisse résoudre ton problème, tu vas lui faire confiance. Si ça marche pour toi, tu aimeras, non seulement le docteur, mais aussi le médicament.

Philippe lui répondit : « Il parait que tu es très intelligente. Comment as-tu fait pour comprendre un cours aussi difficile comme ça ? » Il semble que j'aurai besoin d'un tuteur.

Martine lui répondit : « Ha ! Ha ! C'est la grâce de Dieu ! »

« Je pensais que la grâce de Dieu était pour tout le monde, » répliqua Philippe.

Martine sourit : « Tu as raison, mais je suis très spéciale pour Dieu. Il me fait grâce dans tout ce que j'entreprends dès ma naissance jusqu'à maintenant. C'est juste pour te dire que j'ai fait pas mal d'expériences avec lui. Ce qui est très important, il ne change pas, sa compassion se renouvelle chaque matin sous l'égide d'un amour incommensurable.

Philippe, si tu veux être une personne très spéciale pour Jésus, il faut croire en lui en tout premier lieu et ensuite l'aimer. A ce propos, il a dit dans Jean 3 : 16, LSG, « Car Dieu a tant aimé le monde qu'il a donné son Fils Unique, afin que quiconque croit en lui ne périsse point, mais qu'il ait la vie éternelle. »

Philippe regarda Martine promptement, et lui dit :

« Puisque tu me parles de Dieu, si j'ai très bien compris, tu es une petite protestante, et parfois, tu… as… la tête… liée à un mouchoir, pour ne pas dire : « Tête marrée ».

Martine lui répondit : Ben ! Si c'est ça que tu as dans la tête, laisse-moi te dire que : « La valeur d'un homme ne réside pas dans sa taille, dans sa façon de parler, de s'habiller, ou dans ses connaissances intellectuelles, plutôt, elle réside dans son caractère, sa moralité et dans sa relation avec Dieu. De plus, ma tête est liée à un mouchoir, mais mes connaissances n'y sont pas. »

Ecoute Philippe, je ne peux pas te laisser partir sans te faire comprendre ceci : une protestante n'est pas une personne frustrée, ni une personne archaïque ou du moins qui est hors de la société. Mais tout simplement, c'est une personne qui s'attache à un groupement religieux. Aussi, sache qu'il y a une grande différence entre « être protestant et être chrétien. »

Le chrétien, c'est une personne qui fait profession de foi en Jésus-Christ, ou du moins en la religion basée sur l'enseignement de Jésus-Christ, notre Sauveur et notre Seigneur. Là encore, la Bible a établi une autre différence : le mot chrétien veut dire appartenir au corps de Christ ou être disciple de Christ. »

Retiens très bien ceci : « Le mot chrétien est utilisé trois fois dans la Bible, dans le Nouveau Testament, (Actes 11 : 26, LSG ; Actes 26 : 28, LSG ; 1 Pierre 4 : 16, LSG.)

Les disciples de Jésus ont été appelés « Chrétiens » pour la première fois à Antioche (Actes 11 : 26, LSG), car leur comportement, leurs activités et leurs discours reflétaient ceux de Jésus-Christ. Alors, tu vois, Philippe, combien je suis très fière d'être une chrétienne, d'être un disciple de Christ !

Cependant, Philippe, je dois aussi te dire que j'ai compris très bien ta perception au sujet de « tête marée ». A l'origine, le terme chrétien était utilisé avec beaucoup de mépris par les non-croyants d'Antioche. Les gens l'utilisaient comme un surnom servant à se moquer des disciples du Christ. C'est bien malheureux, à travers le temps, le mot chrétien a perdu beaucoup de sa signification. Il est souvent utilisé pour désigner un religieux ou une personne ayant des valeurs morales, au lieu de désigner un vrai disciple de Christ, né de nouveau, personne de caractère, de haute étique et de haute moralité chrétienne, etc.

Aujourd'hui, nous remarquons qu'il y a des gens qui ne croient pas en Jésus-Christ, et pourtant, ils se considèrent quand même chrétiens, tout simplement parce qu'ils vont à l'église ou bien qu'ils vivent dans une communauté chrétienne, etc. Philippe ! Crois-moi, aller à l'église, aider les démunis ou bien être une bonne personne en dehors de la présence de Dieu, ne fait pas de quelqu'un un chrétien. Ce n'est pas non plus le fait d'être membre d'une église ou d'une association religieuse, d'assister aux services régulièrement et de participer aux travaux de l'Eglise qui garantit à quelqu'un son droit de chrétienté.

Philippe ! Il faut être très prudent, le vrai chrétien, c'est une personne qui met entièrement sa foi et sa confiance en la personne de Jésus-Christ. Le fait de mourir sur la croix pour payer le prix de nos péchés, être ressuscité le troisième jour afin de remporter la victoire sur la mort, donner la vie éternelle à tous ceux qui croient en lui est une évidence.

Cette partie d'Ecriture très importante se trouve dans le livre de Jean 1 : 12, LSG : A tous ceux qui ont reçu Jésus, à ceux qui croient en son nom, il leur a donné le pouvoir de devenir enfants de Dieu.

Sans oublier, 1 Jean 3 :1, LSG : « Voyez quel amour le Père nous a témoigné, pour que nous soyons appelés enfants de Dieu ! Et nous le sommes. Si le monde ne nous connaît pas, c'est qu'il ne l'a pas connu. »

Philippe ! Je peux te dire qu'un vrai chrétien est sans nul doute un enfant de Dieu, ou quelqu'un à qui Dieu a donné une nouvelle naissance, une nouvelle vie en Jésus-Christ, et le Saint-Esprit habite dans son cœur.

Philippe reste abasourdi sans piper mot.

Puis, Martine lui dit : « Tiens, lis donc cela. C'est une petite brochure qui parle de la parole de Dieu. »

Cette brochure raconte l'histoire de la rencontre de Nicodème avec Jésus.

Quelques jours plus tard, sur la cour de l'université, Philippe arrêta Martine, et lui dit :

« Tu sais Martine, j'ai lu et relu la brochure que tu m'avais donnée, ce qui retenait le plus mon attention, c'est quand Jésus demanda à Nicodème : « Il faut que vous naissiez de nouveau ». Ce dernier a répondu : « Comment je vais rentrer dans le ventre de ma mère et renaître, Ha ! Ha ! Ha ! »

Martine lui demanda : « Eh bien ! Qu'en penses-tu ? »

« Je pense que… Nicodème était un fameux intellectuel aveuglé, » répondit Philippe.

Martine lui répondit gentiment : « Tu as vraiment raison, Philippe ! Je le pense aussi. Sans l'aide du Saint-Esprit, personne ne peut comprendre la Bible, la parole de Dieu. C'est une erreur catastrophique de la part de certains pensant qu'être capable de lire et écrire seulement suffit pour comprendre cette parole sainte et véritable. »

Hé, Philippe ! Je dois te laisser, car le deuxième cours va commencer. Je ne peux pas être en retard.

Je m'en vais aussi, Martine ! On en reparlera plus tard.

CHAPITRE 13

Le Tourment de Philippe vis-à-vis de la Parole de Dieu

Le lendemain, Philippe aperçut Martine sur la cour de l'école, il s'avança auprès d'elle, et lui dit : « Ma Chère Martine, la parole que tu me faisais lire hier soir m'a beaucoup tourmenté. Je n'arrivais pas du tout à dormir. Chaque fois que je ferme mes yeux, ma conscience me parlait, et je sentais une chaleur qui se dégageait de mon cœur comme un jardinier qui est en train de préparer un terrain avant de l'ensemencer. »

« C'est très bien, mon ami ! La parole de Dieu est une parole de transformation de cœur et qui apporte la lumière à tous ceux qui sont dans les ténèbres. C'est une flamme de feu qui détruit tous les éléments étrangers qu'elle trouvera dans le cœur de l'homme, par exemple : l'égoïste, l'orgueil, l'envie, cupidité, la fornication, l'impureté, et tant d'autres. » Ajouta Martine.

« Oh ! Wow ! C'est pour cette raison que tu parles différemment des autres filles. Je ne veux pas être trop curieux, si je te pose cette question : qui es-tu enfin ? » Lui demanda Philippe.

« Je suis Martine Baudelaire, née d'une famille très pauvre sur le sommet de la Montagne-de-Bois-Zombie à Corail. Ma tendre mère, Maggie, est une pauvre paysanne ; cependant, elle a de très bonnes relations avec Dieu. A l'âge de 12 ans, j'ai quitté Corail pour venir habiter avec l'unique sœur de ma mère, tante Béatrice, à Port-au-Prince. Mais maintenant, j'habite toute seule dans un appartement.

« Ha ! Il faut que tu me donnes toute vérité, Martine, » lui dit Philippe.

Philippe ! La vérité n'a que deux ennemis : « Le peu et le trop peu. Alors, je pense que je t'ai tout dit. »

Philippe resta bouche bée comme une vieille barrière abandonnée.

Puis Martine renchérit : « La vérité est pour moi tout ce qui est contraire au mensonge. »

« Un fait peut être vrai, sans que personne l'accepte pour vrai. »

« Que veux-tu dire là-dessus, Martine ? » Lui demanda Philippe.

« Ok. Si je te dis que j'ai vu un cheval voler ; c'est sans doute que tu me diras que je ne suis pas normale, car un cheval n'a pas d'ailes. Et tu ne l'accepterais pas pour vrai jusqu'à ce que tu fasses la même expérience que moi. Ainsi, nous serons seulement deux personnes au monde qui connaîtraient cette vérité. C'est de même pour ma foi chrétienne, elle est une vérité, tu arriveras à la comprendre, si et seulement si, tu fais les mêmes expériences que moi.

Spirituellement parlant, la vérité, c'est Jésus. Parfois, les gens cherchent à détourner cette vérité, comme fut le cas pour

Pilate : malgré l'innocence de Jésus, il préférait fabriquer une échappatoire, c'est-à-dire une excuse pour le faire mourir afin de plaire au peuple et surtout de sauvegarder son pouvoir.

Ce n'était pas juste. A plus forte raison, je condamne énergiquement la décision de Pilate. A mon avis, c'était une lâcheté !

Philippe répondit : de toute façon, Martine ! Tu sais que : « Toute vérité n'est pas bonne à dire. »

« Je suis d'accord avec toi, Philippe ! Mais si Jésus, quand il était venu, il ne nous disait pas la vérité : qu'en serait-il de nous aujourd'hui ? Grâce à son amour incommensurable, il a quitté son trône pour nous apporter la grâce et la vérité. Là-dessus, il faut faire beaucoup attention, car ces deux mots sont inséparables : "la grâce et la vérité", car, si on rejette la vérité, on n'aura pas la grâce ; et si on réprime la grâce, on abandonnera la vérité, » lui dit Martine.

Puis, Martine ajouta : « Car la loi a été donnée par Moïse, la "grâce et la vérité" sont venues par Jésus-Christ. » (Jean 1 : 17, LSG).

« Martine, tu sais une chose, j'ai entendu tout ce que tu viens de me dire, mais je n'ai pas trop bien compris, car nous n'avons pas le même langage, » déclara Philippe.

« Oh ! Wow ! Il parait que tu n'es pas orgueilleux ; puisque l'orgueilleux fait toujours semblant d'être à la hauteur de toute discussion. » Argumenta Martine.

« Ma chère, tu sais, j'ai beaucoup voyagé avec mon père, mais je n'ai jamais vu une fille qui parle mieux que toi. C'était comme si tu recevais une formation céleste. Tu parles comme un ange du ciel. Ton vocabulaire est très riche ; là-dessus, même les oiseaux peuvent se taire pour t'écouter et t'admirer. » Lui dit Philippe.

« Philippe ! Lui dit Martine : « Essaie plutôt de m'imiter au lieu de me copier, car tu dois être le modèle de toi-même. C'est en imitant qu'on parvient à dépasser le professeur, mais pas en le copiant. »

Philippe répliqua : « J'apprécie cette bonne manière chez toi, laquelle te fait prendre tout ton temps de m'écouter attentivement. » Tu es un véritable leader !

Martine, lui répondit : la parole de Dieu nous dit : « Que le sage écoute, et il augmentera son savoir, et celui qui est intelligent acquerra de l'habileté... » (Proverbes 1:5, LSG).

« Il est vrai, Philippe, que je dois avoir une très bonne attitude en tant que chrétienne, mais si je ne parle pas la parole de Dieu, ou du moins, si je ne prêche pas l'Evangile, il me manquera quelque chose. Par conséquent, ma bonne manière, ou mon bon comportement, ne me servira de rien ; car un moraliste pourrait bien avoir ce même comportement, mais si ce n'est pas pour le service de Dieu, c'est-à-dire, évangéliser, racheter des âmes perdues pour Christ, ce sera un temps perdu. »

Le comportement du chrétien doit le servir comme une attirance, une marque de distinction afin que tout le monde en le regardant puisse voir en lui l'image de Dieu.

Ce n'est pas l'unique moyen pour prêcher l'Evangile, je veux parler d'une personne qui se met à part afin de montrer aux autres qu'elle est sanctifiée, mais plutôt, cette attitude doit lui servir comme un outil d'aimantation pour attirer tous ceux et toutes celles qui ne connaissent pas encore Jésus-Christ. Enfin, le comportement du chrétien, c'est comme du sucre placé dans un endroit pour attirer les fourmis.

Pendant que la personne est attirée, il faut profiter de cette bonne occasion pour lui présenter Jésus comme étant la seule source du salut.

Dans Actes 4 : 12, LSG, il est écrit : « Il n'y a de salut en aucun autre ; car il n'y a sous le ciel aucun autre nom qui ait été donné parmi les hommes, par lequel nous devions être sauvés. »

N'oublie pas Philippe, avant de courtiser une jeune fille, tu te laisses attirer par son comportement. Ensuite, tu laisses parler ton cœur.

Alors, c'est juste pour te dire qu'il ne faut pas rester toujours bouche bée, quand je déclare que mon comportement prêchera pour moi. Néanmoins, je dois enseigner et prêcher l'Evangile de Jésus-Christ à toutes celles et tous ceux qui sont sur la mauvaise voie.

« Alors, Martine, tu veux me faire changer de religion, » demanda Philippe.

« A remarquer bien, je ne t'ai pas parlé de religions. Je m'accroche encore au contexte du salut en Jésus-Christ, car le salut ne réside ni dans les religions, ni dans les organisations politiques ou sociales, mais en Jésus-Christ et uniquement en lui, » répliqua Martine. D'ailleurs, si je te parlais de religions, je te montrerais celles qui produisent les vrais fruits. Note bien que : les fraisiers ne donnent jamais de cerises, les manguiers ne donnent jamais des avocats, les calebassiers ne donnent jamais des giraumons. N'est-ce pas exact, Philippe ?

« Eh bien ! Tu veux me convertir, Martine ? »

Martine répondit : Christ ne nous a pas appelés pour aller convertir les autres gens. Notre mission consiste à partager sa Parole avec tout le monde sans aucune distinction.

Allez partout le monde, et prêchez la bonne nouvelle à toute la création. Celui qui croira et qui sera baptisé sera sauvé, mais celui qui ne croira pas sera condamné, (Marc 16 : 15-16, LSG).

Et je dois aussi te dire que tous ceux qui se laissent convaincre par sa Parole seront partisans (ses disciples). Mais tous ceux qui endurcissent leur cœur sont partisans de Satan. Ainsi, ils ne marchent plus dans la lumière, mais dans les ténèbres.

« Dans les ténèbres ! Tu veux me parler du « Black-out » à Port-au-Prince, » plaisanta Philippe en souriant.

Ha ! Ha ! Loin de là mon cher. Le ''black-out'' à Port-au-Prince ne peut nullement se comparer à ces ténèbres dont je te parle. Au clair, je veux te dire qu'une personne qui n'a pas la connaissance de la parole de Dieu marche dans les ténèbres, mais vit aussi dans les ténèbres. Je te parle du « black-out spirituel », mon ami ! Et ces ténèbres en questions typifient l'ignorance et la rébellion spirituelles.

Philippe ! Ce que je viens de te dire peut te paraitre plaisant : je ne t'ai pas dit tout cela, pour te faire peur, mais pour que tes excuses ne soient pas inexcusables lors du grand jugement de Dieu. Rappelle-toi bien, aujourd'hui, Jésus est notre médiateur, notre avocat auprès du Père, mais plus tard, il sera notre juge impartial et intègre.

Dans 1 Jean 2 : 1 et 2, nous lisons ce qui suit :

« Mes petits-enfants, je vous écris ces choses, afin que vous ne péchiez point. Et si quelqu'un a péché, nous avons un avocat auprès du père, Jésus-Christ le juste. Il est lui-même une victime expiatoire pour nos péchés, non seulement pour les nôtres, mais aussi pour ceux du monde entier. »

Philippe ! Ecoute, j'ai beaucoup d'autres choses à t'enseigner, mais laisse-moi t'en dire une : « Sache que : « Tout ce qui monte dans ton esprit maintenant est : Dieu existe. Tout ce qui montera dans ton esprit est : Dieu existe. Tout ce qui sera monté dans ton esprit est encore Dieu existe. »

Philippe ! Il parait que tu es embarrassé, mon ami ! Car il fait frais et pourtant, des gouttes de sueur coulent sur ton visage. Si Dieu a touché ton cœur, je te conseille de ne pas faire la sourde oreille. Essaie de méditer sur tout ce que nous venions de dire. La prochaine fois, nous en reparlerons davantage.

Philippe lui répondit gentiment : « Ok. Pas de problème ! Je te remercie beaucoup, Martine, pour ces informations et ces enseignements.

Je ne peux pas te laisser partir sans te faire remarquer que je suis très fier de toi, car tu n'as pas honte de me dire que tu es chrétienne, et tu viens de la campagne. A ce propos, il y en a pas mal de gens, quand je leur pose la question à propos de leur origine, sans réfléchir, ils me disent qu'ils viennent de Port-au-Prince. Puis, ils précisent dans la capitale, mais pour toi, c'est tout à fait différent. »

Martine répondit : « Là où je viens, ne diminue pas ma grandeur, ni ma valeur intrinsèque, ni ma personnalité. Sache-le bien, si tu ne sais pas d'où tu viens, tu ne sauras jamais où tu vas. »

Maintenant, tu me connais assez Philippe ; c'est à ton tour de me parler de toi ! Lui conseilla Martine.

Je suis l'unique enfant de la famille. Mon père s'appelle Bob Valancourt. Actuellement, il est un entrepreneur, un homme d'affaires et ma mère, Marietta, est secrétaire à l'Office National d'Assurance (O.N.A.), et c'est tout !

CHAPITRE 14

Philippe, le Courtisan de Martine

Après cette conversation, Martine eut l'intuition que Philippe avait quelque chose d'autre à lui dire, car il se croisa les pieds, puis il les décroisa. Il fixa tantôt le ciel, tantôt la terre. Quel embarras !

Philippe allait se déplacer, et Martine lui dit : arrête ! Il parait que tu as quelque chose à me dire. A mon humble avis, entre rester et partir, tu es vraiment indécis. Ton embarras te porte à ressembler à un bébé qui fait ses premiers pas.

« Ha ! Ha ! Tu as un don d'interprétation, Martine. Tu discernes non seulement la parole de Dieu, mais aussi le comportement des gens. J'estime aussi que tu es une psychologue. Pourtant, il y a plein de psychopathes dans ce bas monde, où que tu sois, ton utilité fera son petit bonhomme de chemin.

J'aimerais passer tout mon temps à t'écouter, à te contempler et à t'admirer ; et ceci, pendant tout le reste de ma vie, car tu as toutes les qualités qui peuvent m'aider à réussir ma vie. De plus, l'éclat de ta beauté perce mon cœur et me donne des tremblements de jambes comme un canard dans une rivière. Tu es la première fille qui fait palpiter mon cœur depuis le jour où nous avions lié connaissance. Je me sens très fort quand je suis à tes côtés, » lui dit Philippe.

Mais tu es tombé sur la tête, mon cher. Quel rapport il y a entre un homme riche et une femme pauvre ? Quel rapport y a-t-il entre un homme qui a grandi dans l'abondance et une femme qui cherche à peine à sortir du carcan de la misère ? Quel rapport y a-t-il entre un homme qui est élevé sous les yeux protecteurs de ses parents fortunés et une femme qui a vu trainer son enfance chez une tante très amère contre elle ? Quel rapport existe-t-il entre un citadin et une paysanne ? Remarquons donc Philippe, nous venons de deux mondes différents. La nuit, peut-elle mesurer au jour ? Lui répondit Martine.

« Ecoute-moi Martine, si nous sommes ici à la Faculté des Sciences Appliquées, c'est parce que nous sommes égaux socialement. Nous sommes peut-être différents économiquement, mais nous avons le même intérêt, le même but, la même vision, celle d'aider notre pays après nos études universitaires. D'ailleurs, l'amour est plus important que toutes les richesses du monde. L'amour n'a pas de barrière. Ne me repousse pas ! Je ne dois pas être victime de la richesse de mes parents. De même que toi, tu ne dois pas être victime de la pauvreté des tiens. Ensemble, frayons un chemin dans la vie !

Après un laps de temps, Philippe ajouta : Martine, écoute ceci : « Tu es la fille qui fait vibrer mon cœur. Chaque fois que je te vois mon cœur déborde de joie. Je ne sais quoi te dire encore pour que tu laisses le champ libre à cette belle et nouvelle vie qui ne manque que toi.

Martine regarda Philippe, avec ses yeux très émus, comme si elle allait pleurer, mais elle a dû résister. Puis, elle ouvrit son sac à main, prit une gomme à mâcher. Ensuite, elle dit à Philippe : d'où vient cette folie ? Tu ne dois pas perdre ton temps, car la vie est pleine de coup de foudre.

« Non ! Ma chère, ce n'est pas un coup de foudre qui me porte à t'aimer, mais c'est Dieu. Celui qui rassemble les cœurs sincères qui m'a envoyé sur ton chemin », lui répondit Philippe.

« Quoi ? Sur mon chemin ! Pour faire quoi ? Pour dire quoi ? Comme étant qui ? Un bon samaritain ou un bon cavalier qui a perdu son chemin ? » Questionna Martine.

« Comme un bon cavalier qui a retrouvé son chemin ou comme un bon laboureur qui s'est retrouvé sur une terre fertile et qui, d'un seul coup d'œil, voit fleurir son champ. Martine, ne perdons pas de temps ! Parcourons notre chemin ensemble ! » Dit Philippe.

Martine déclare en son cœur : « Sur ce chemin dangereux et périlleux, tout le monde a besoin d'un vrai partenaire… Mais si mon choix ne repose pas sur Dieu, ce sera le chaos. Il me faut une personne spéciale et crédible pour faire la route avec moi. Le chemin de la vie est comme une fleur qui, le matin, parait très fraîche et très attirante, mais le soir, elle commencera à se faner jusqu'à ce qu'elle meure. Je vais prier Dieu afin qu'il me donne son approbation, car tous les cavaliers d'ici entonnent les mêmes chansons sur la même gamme. Et ils reprennent les mêmes refrains. Il y a des courtisans qui arrivent donc même à pleurer, comme des enfants qui chicanent. Mais, dis donc Seigneur ! D'où viennent ses larmes visibles ? Ce qui parait très troublant parfois : il y en a qui dansent, et qui chantent en même temps, juste pour piquer la pitié de la fille ou pour aiguiser sa sensibilité dans cette conquête d'une réponse positive. Hm ! L'amour ne se vend pas aux magasins, il ne s'accorde pas à la publicité. Pourtant, il attire beaucoup de clients.

Je ne veux pas que mon choix base sur des émotions, puisqu' occasionnellement, elles nous poussent à commettre de terribles erreurs. Parfois, elles se ressemblent beaucoup à nos sentiments. Cependant, elles sont souvent les pires ennemies de nos actions et de nos réactions. Ce n'est pas une chose facile à contrôler, mais il m'importe de maîtriser mon corps, mon esprit, et même mon âme, afin de faire un choix intelligent. Et quel que soit l'enseignement reçu pour faire un meilleur choix en amour, moi-même en tant que servante de Dieu, je lui laisse la latitude de choisir pour moi. Le blé est à Dieu, tandis que l'ivraie est au diable. Je ne prendrai aucune décision hors de l'approbation de Dieu.

CHAPITRE 15

Monologue de Martine après La Déclaration d'Amour de Philippe

Martine laissa Philippe debout, et s'en alla tristement dans un coin de la cour de l'école. Elle baissa la tête, et dit : « Seigneur, je suis tourmentée. Je ne sais que faire, et je ne sais que dire non plus. Tu vois mes peines et ma souffrance. Si c'est toi qui as envoyé Philippe sur mon chemin, fais-le-moi savoir. Je ne veux pas avoir deux peines en même temps. Car certains gars de Port-au-Prince sont des vagabonds : ils se montrent très sensibles, très gentils, afin de dérouter comme un train qui a perdu son chemin ou une rivière qui se déchaîne les gens bien intentionnés. Mon Dieu ! Je compte sur toi, et j'attends ta réponse !

Non. Non, je ne vais pas avoir pitié de lui parce qu'il a donné à son visage l'aspect de la femelle de cabri de monsieur David au moment où elle met bas ses petits. C'est pourquoi j'attends patiemment la réponse de Dieu !

Seigneur, je n'oublierai jamais les promesses que tu m'as faites. Tu as dit en ta parole : tu es un vrai père, tu ne donneras jamais un serpent à ton fils, s'il te demande un poisson, ou une pierre, s'il te demande du pain. C'est sur cette promesse que repose ma foi. Sans cette foi, mon cœur sera dévasté.

Puis, Martine se questionna : comment maman s'adapterait-elle avec ses parents ? Comment notre société concevrait-elle cette relation ?

La pression de la société sera trop lourde pour moi. Je vis dans une société qui se montre très indécise sur certains aspects. Parfois, les règles qu'elle prescrit sont en majeure partie immorales. En tant que chrétienne, je dois obéir aux dictées de Dieu plutôt qu'à celles de la société.

Je sais très bien qu'entre la transition et l'adaptation, il y a un grand chemin à parcourir, car la transition peut se faire dans un clin d'œil, mais l'adaptation peut prendre des années.

Je sais que quand c'est Dieu qui contrôle une situation, la transition et l'adaptation se font dans un temps record.

Je ne vais pas me laisser troubler : Martine ! Garde ton sang-froid ! Remets tout à Jésus, car lui seul a le contrôle de toute chose.

CHAPITRE 16

Concrétisation du Rêve de Philippe

Après quelques mois de réflexion, Philippe finit par conquérir le cœur de Martine.

Tout le monde pouvait remarquer qu'un grand changement qui se produisit chez Philippe. Il disposait d'une joie inexprimable. Il était devenu plus obéissant que jamais. Sa façon de parler, d'agir, de penser, préoccupait son esprit, au point qu'il croyait être capable de changer le monde en un seul jour. Wow ! Quelle détermination !

Dans la soirée du 4 septembre, pendant que Madame Valancourt passait à côté de la chambre de Philippe, elle entendit la voix de ce dernier qui disait : arrête ! Arrête ! Martine.

Curieusement, elle entrouvrit la porte et elle vit Philippe en plein sommeil. Tout de suite, elle pensait que c'était un cauchemar. Alors, elle s'était retirée tranquillement de la chambre.

Le lendemain matin, pendant qu'ils déjeunaient tous deux ensemble, Madame Valancourt, avec ses lunettes sur le bout de son nez, déclara à Philippe : « Je vois qu'il y a un grand changement qui se produit en toi. Bravo ! Tu nettoies toujours ta chambre, tes vêtements sales sont bien à leur place, tu passes plus de temps devant le miroir... Dis-moi donc, ce qui se passe dans ta vie ? D'où vient cette motivation ? »

« Rien, maman, tout va bien ! » A mon âge, je réalise que c'est moi qui dois nettoyer ma chambre, et de prendre certaines responsabilités vis-à-vis de la maison, lui répondit Philippe.

Pendant que Philippe alla se lever afin de dévier cette conversation, Madame Valancourt lui dit :

« Ecoute, mon fils : as-tu une petite amie qui s'appelle Martine ? »

Tout à coup, l'assiette qui était entre les mains de Philippe tomba et fut brisée en petits morceaux. Tout de suite, il s'approcha plus près de sa maman, et lui demanda : « Comment le sais-tu maman ? »

« Hm ! Hm ! Secret de femme ! » Répondit Madame Valancourt.

« S'il te plait, maman, dis-moi ! Ne me cache pas ce secret, » lui dit Philippe.

« Mais, je t'ai déjà répondu soigneusement, mon fils ! » Reprit sa maman.

Ha ! Ha ! Ha ! Maman, dis-moi ! Lui supplia Philippe.

« Ok. Philippe ! Je vois que ton cœur bat très fort, je vais droit au but : hier soir, pendant que je passais devant ta chambre, la porte était entrouverte, tu as cité le nom de Martine plus de six fois, alors que tu étais en plein sommeil. Tu disais : arrête ! Arrête ! Martine ».

« C'était un cauchemar, Hein ! ? » Lui demanda Madame Valancourt

« Non, maman, Martine et moi, nous nous sommes tombés d'amour il y a environ deux semaines de cela. Depuis lors maman, chaque fois que je dors, je la vois devant moi. Parfois, j'entends silencieusement sa voix qui m'appelle, ou bien encore, je remarque sa présence dans la chambre. Je sens son doux parfum qui asperge toute la chambre, » lui révéla Philippe.

« Eh bien ! C'est un fantôme, la maison est hantée, je dois faire appel à quelqu'un afin de nous débarrasser de ce mauvais esprit, lui déclara sa maman.

Ecoute, mon fils, mon conseil pour toi, c'est de prendre ton sang-froid, il ne faut pas précipiter, car occasionnellement, la précipitation conduit les gens à commettre de graves erreurs. Les jours courent à toute vitesse, mais sans précipitation, car l'exactude n'est pas dans la vitesse, mais dans la précision, mon fils. Il y a pas mal de gens dans les rues qui sont devenus fous à cause de cette question d'amour qu'ils ne peuvent même pas comprendre, voire l'expliquer.

Mon fils ! Avance-toi, plus près de moi : « Il ne faut jamais confondre cœur et corps ; car ce qu'on ne voit pas est plus grand que ce qu'on voit. » Parfois, il y a une vallée entre la réalité et la vérité.

« Merci maman, j'ai très bien compris, » répondit Philippe.

« Enfin, pourquoi n'invites-tu pas Martine à venir chez nous ? Ainsi, nous pourrions passer un petit temps ensemble, » lui proposa Madame Valancourt.

« C'est une très bonne idée maman ! Je m'en vais l'exécuter tout de suite.

Pendant que Philippe se déplaçait, il dit : « Je sais déjà que Martine sera très contente de lier connaissance avec toi ; tu l'aimeras beaucoup autant que moi. »

CHAPITRE 17

Le Jour le plus long pour Philippe

Un dimanche après-midi, à compter de quatre heures, Madame Valancourt prépara un dîner très spécial dans les normes des recettes, triées sur le volet. Et elle demanda à Philippe d'aller chercher Martine afin qu'elle puisse lier connaissance avec elle.

Philippe s'habilla très rapidement dans un temps inimaginable, et alla chercher sa copine.

Aussitôt que Martine arriva dans la maison, Madame Valancourt commença par l'interroger.

« Martine, parle-moi donc de toi : tu as des… sœurs et des… frères ? » Lui demanda Madame Valancourt.

« Non, madame Valancourt, je suis l'unique enfant de la famille. Mon père fut décédé quand j'avais deux ans. Ma maman vit à Corail, dans le sud. Je vivais chez une tante quand j'étais plus jeune, mais maintenant, je vis toute seule dans un appartement, » lui répondit Martine.

« Comme ça, toute seule ! Comment tu fais pour vivre, car je sais que la vie à Port-au-Prince est extrêmement difficile ? » Lui dit Madame Valancourt.

« Dieu prend soin de moi, Madame. Il me surveille constamment jour et nuit, il garde mon départ et il gardera mon arrivée. Il est en contrôle de toutes mes entreprises. C'est pour cette raison que je n'ai rien à craindre. Il est mon meilleur ami et mon meilleur conseiller. Je suis connectée à lui pour toujours, » dit Martine.

« Quelle merveilleuse grâce ! » répondit Madame Valancourt.

« Oh ! Oui, chaque jour, il étend ses puissantes mains sur ses enfants. Quiconque se joint à lui ne le regrettera jamais, » ajouta Martine.

Pendant la conversation, Madame Valancourt appela Philippe, et lui demanda : « Dis-donc, Philippe, aimes-tu des avocats, des mangues ''merilan'', des corossols, des patates, de ''rapadou'', … ? »

Philippe lui répondit : « Maman, tu sais, mes fruits préférés sont les fraises, les mandarines, les melons français, les cerises et du raisin noir. »

« Pourquoi m'as-tu posé cette question maman ? Qu'est-ce que les fruits ont à voir avec cette conversation ? » Lui demanda Philippe.

« Je voudrais juste m'assurer que tu as toujours la même préférence concernant les fruits et les légumes, » répliqua Madame Valancourt.

« Ok. Passons donc à table, j'ai préparé un petit diner spécialement pour toi et Martine, » proposa Madame Valancourt.

Philippe s'assoyait en face de Martine et madame Valancourt à l'extrémité gauche de la table.

A chaque fois que Philippe prit une petite bouchée, il regarda Martine dans les yeux, et sourit ; et cette dernière, de son côté, lui répondit par un autre échange de sourire, mais avec beaucoup de froideur.

Après avoir fini de manger, ils s'en allèrent tous les deux.

En chemin, Martine dit à Philippe : « Je sais pourquoi ta maman t'avait questionné au sujet de ta préférence concernant des fruits et des vivres alimentaires ; c'est par ce que je lui disais que maman vit à Corail. Alors, elle pense que c'est seulement des fruits et des vivres alimentaires que maman peut t'offrir. Puis, Martine devint toute triste. »

« Martine, ne sois pas trop susceptible ! » Répliqua Philippe.

« Philippe ! Ecoute, je ne suis pas susceptible, une seule chose que je sais, c'est que : les fruits et les vivres alimentaires sont tous des produits périssables, mais l'amour reste et demeure éternellement, » lui dit Martine.

Martine ! Laisse-moi te dire que la susceptibilité peut te conduire à des idées préconçues, et ces dernières peuvent te faire rater la grâce de Dieu dont tu me parles toujours.

Plus tard, quand Monsieur Valancourt arriva chez lui, Madame Valancourt lui raconta que Philippe lui présenta sa petite amie.

Pendant que Mr. Valancourt se déshabillait, Madame Valancourt s'approcha de lui, et dit : « Hé, Val ! Philippe a une petite amie, mais sa maman est cultivatrice. Tu sais, une pauvre paysanne qui cultive la terre... »

« Ecoute Marietta, je vois où tu veux en venir. Je ne suis pas du tout d'accord avec toi. S'il n'y avait pas de paysans pour cultiver la terre, nous autres, avec notre argent, nous ne trouverions rien à manger. Philippe est assez grand, il doit faire son choix. Toi et moi, nous devons le supporter une fois qu'il soit dans le droit chemin. N'oublie pas ce qu'a dit Charles P. Duclos : « L'amour est confiant dans ses désirs et timide dans ses plaisirs. »

Marietta resta debout comme un mannequin dans une boutique de couture abandonnée.

Puis, Monsieur Valancourt ajouta : « Marietta, comment as-tu vu la fille, dans un ton très déconcentré ? »

« Ben ! C'est une très jolie fille, très ravissante et très élégante. Elle articule très bien la langue de Voltaire. J'ai fini par remarquer que : ses « i » ne sont pas des « u ». Val ! Pas besoin de te dire comment est sa diction. Je peux te dire qu'elle a l'air d'une vraie intellectuelle. Cependant, sur dix mots, elle a utilisé le nom de Dieu au moins, six fois. C'est sans doute qu'elle a une petite connaissance de Dieu ! Mais tout cela n'est pas une raison pour notre fils de tomber amoureux d'une fille de sa classe sociale. »

Le lendemain, avant de quitter sa maison pour son bureau, Monsieur Valancourt laissa une petite note sur la table. Il procéda ainsi pour inviter Philippe et sa femme à une petite réunion de famille après le travail.

A son retour de travail, Monsieur Valancourt appela Philippe et il dit : « Philippe ! J'ai appris de ta maman que tu as une petite amie du nom de Martine Baudelaire. Je suis réellement content. Je ne peux pas t'empêcher de t'unir avec elle, mais je tiens aussi à te dire que : c'est un chemin extrêmement difficile que tu viens de prendre dans ta vie. Si tu veux réussir et faire du succès, tu dois être réellement discipliné, et dès maintenant, tu dois te préparer, car tu peux faire beaucoup de succès, mais sans avoir réussi. »

Puis Monsieur Valancourt sourit : « Maintenant, je peux te dire tout ce qui se passe dans ton cœur. »

Monsieur Valancourt éclata de rire, ha ! Ha ! En disant : « Être amoureux ! »

Je sais maintenant que tu te sens capable de soulever une montagne tout seul, de parcourir toute la terre : Ha ! Ha ! Ha !

C'est juste une prétention, mon fils ! Tu ne peux pas réussir tout seul ; il te faut l'aide des autres. Et je pense que c'est pour cette raison que tu as envie d'avoir Martine à ton côté, hein !

Mon fils ! Je supporte ton choix, toutefois, tu dois t'assurer qu'il s'agit une bonne fille. Ainsi, je serai avec toi jusqu'au bout.

Puis, monsieur Valancourt ajouta gentiment :

« La meilleure façon de faire un choix, c'est d'obéir au désir de ton cœur. Bien sûr ! S'il est animé de très bonnes intentions. »

Philippe ! Ecoute très bien ceci : « L'amour est un phénomène que personne ne peut expliquer, même « Chateaubriand » qui était l'un des plus grands romantiques français que le monde ait jamais connu, un jour, on lui demanda : c'est quoi le romantisme ? Après tant de réflexions, il dit que le romantisme, c'est l'oiseau qui chante ; la mer qui se déchaîne ; le tonnerre qui gronde, etc. enfin, il ne trouva aucune définition propre à ce mot.

Alors, mon fils ! C'est toi qui vas donner une définition sur ce chemin-là que tu entreprends.

Cependant, d'après mes expériences, mon fils : « l'amour doit être réciproque, sinon l'un d'entre vous va être un amoureux malheureux. »

Puis, Monsieur Valancourt ajouta : « Alors, bonne chance, mon fils ! Fais de tout ce qui est possible pour ne pas déshonorer la famille en matière de notre réputation et de notre popularité. Souviens-toi que tu es un Valancourt et qu'un jour tu dirigeras les compagnies. »

Du reste, mon fils, rappelle-toi ce qu'a dit Sénèque : « La vie est une pièce de théâtre, ce qui compte n'est pas qu'elle dure longtemps, mais qu'elle soit bien jouée. »

Philippe répondit : « Papi, compte sur Dieu et compte sur moi ! »

« Et si tu n'as pas totalement eu le cœur de Martine, fais-moi savoir maintenant, je peux t'aider, » lui proposa Monsieur Valancourt.

Madame Valancourt qui était dans le couloir s'intervint dans la conversation, en demandant à Monsieur Valancourt : « En quoi tu peux aider Philippe ? Alors, tu penses qu'avec tes notions archaïques, tu es capable de l'aider. Hm ! Philippe est né dans une nouvelle génération. »

Monsieur Valancourt lui dit : « Marietta, tu es toujours là pour gâter les choses. »

« Yeah ! De nos jours, on n'utilise ni poèmes, ni acrostiches, ni chansonnettes françaises, ni fleurs, ni citations romantiques. L'amour est devenu digital » lui rappela Madame Valancourt.

« Eh bien ! Ma chère, s'il en est ainsi, la génération d'aujourd'hui est une génération déviée » répondit Monsieur Valancourt.

Mon fils ! Avance-toi, laisse-moi te dire une vérité : si réellement Martine t'aime, tu dois être en mesure de remarquer certaines choses très importantes quand tu es avec elle.

Par exemple, elle doit partager avec toi ses idées et ses projets d'avenir, s'intéresser à tes erreurs commises, se sentir très fière de toi en présence de ses camarades, écouter silencieusement tes paroles, etc. Quant aux jeux des yeux, c'est comme si elle va s'évanouir.

Il y en a d'autres points forts à te faire vérifier. Puisque mon congé commencera demain, nous en parlerons davantage, lui a promis Monsieur Valancourt.

Madame Valancourt déclara : « Philippe m'a dit qu'il y aura une remise de certificat à la faculté. Aussi, Martine présentera une conférence sur ''Le Reboisement et la Sécurité Alimentaire''. Nous allons y assister. Ainsi, nous pourrons lier connaissance davantage avec elle. »

« Oh, yeah ! C'est une très bonne idée. Nous irons tous ensemble demain, » lui répondit Monsieur Valancourt.

CHAPITRE 18

Le jour ''J'' de Martine

Ce jour-là, Martine se leva de très tôt, révisa sa présentation, et s'habilla comme une princesse pour se rendre à l'école.

En montant sur le podium, tout le monde l'acclamait avec des cris de joie, comme si on applaudissait une reine qui va prendre la parole à une grande cérémonie.

Martine prononça un discours qui a vibré la salle. Tout le monde se mit debout pour la saluer à nouveau. Car Martine a eu une vision claire, une communication distincte et précise. Elle édifia tout l'auditoire, surtout les étudiants qui allaient graduer dans le domaine de l'environnement.

Tout le staff du décanat de la faculté a été surpris de sa performance. Après la présentation, certains voyaient en elle une personne responsable, un leader inspirant, une rassembleuse, une femme mature, distinguée, disciplinée, engagée, etc.

Après la conférence, Philippe, Monsieur et madame Valancourt vinrent féliciter Martine pour ses jeux de mots, sa diction et son élégance. Durant le même moment, Monsieur Valancourt lui proposa un emploi dans l'une de ses entreprises.

Pour exprimer son contentement qui émane de cette bonne nouvelle, Martine dit à Monsieur Valancourt : « Je vous remercie infiniment pour cette faveur que Dieu m'a permis de trouver à vos yeux.

Monsieur Valancourt la regarda promptement et dit à voix basse : « Regarde-moi ! Son discours ne change pas. Elle parle toujours de Dieu ! Je pense qu'elle est vraiment une servante de Dieu, un modèle, car son comportement le témoigne. De plus, elle parle avec amour. »

Martine et Philippe restèrent à la faculté, accompagnés de leurs amis, tandis que Monsieur et Madame Valancourt retournèrent chez eux.

Au retour, Philippe déclara à Martine : « Je te félicite à nouveau Martine pour la présentation que tu viens de faire. Franchement, je suis très ébloui. Tu es vraiment très brillante.

Nous venons de faire un très grand pas dans notre vie, car il nous reste peu de temps pour accomplir le cycle d'études. Nous n'avons pas perdu notre temps pour rien. Nos parents sont extrêmement contents de nous voir sur une bonne voie. »

Merci de m'avoir conseillé de rester au cours d'électrostatique, ma décision a été trop hâtive. Grâce à toi, avec ce certificat que je viens de recevoir, toutes les portes de la vie s'ouvrent devant moi, et mon territoire s'est élargi. Ha ! Ha ! Ha ! Nous sommes en bonne voie de réaliser nos rêves !

Martine ! Ne remarques-tu pas que c'est comme si c'était hier que nous avions commencé à la faculté ? Cela m'enseigne particulièrement, que je dois être très patient dans la vie, parce que le début pourrait être réellement difficile, mais si on reste focalisé, on finira par trouver un chemin d'en sortir. De plus, il faut mettre toute ta confiance en Dieu, car c'est lui seul qui connait le chemin de la réussite. Du reste, lorsque tout va mal, les fardeaux sont pesants, mettons alors notre confiance en lui, il agira pour nous.

Les mêmes conseils que tu m'avais donnés, je les ai transmis à Gaspard et à Georges, mais ils ne m'ont pas écouté. Ils avaient tout laissé tomber. La fois dernière, ils m'ont vu à la rue Pétion, ils s'étaient cachés derrière un poteau électrique. Quel embarras !

CHAPITRE 19

Inquiétude de Martine Concernant son Engagement dans la Relation de Couple

A l'occasion de la fête Saint-Valentin, communément appelée : « Fête de l'amour », Martine écrivit une lettre à Philippe pour lui faire savoir ses impressions au sujet de leur engagement.

Port-au-Prince, Haïti, W.I.

Mardi 14 février

Bonjour Philippe,

En ce grand jour spécial pour tous les amoureux, j'aimerais profiter de cette belle occasion pour te souhaiter une bonne fête de Saint-Valentin. Je tiens aussi à te féliciter pour ce grand engagement que nous venons de prendre devant Dieu, devant nos parents et nos amis.

Je suis très persuadée que cette décision sort du profond de mon cœur, car j'ai beaucoup prié Dieu avant de m'engager dans cette perspective. Mais à dire vrai, elle a suscité pas mal d'émotions et d'inquiétudes dans mon esprit.

J'aimerais te faire savoir que ce n'est pas sous pression de mes amis, ni de mon pasteur, ni de ma maman, ni mes

collègues de travail, ni de mes frères et sœurs de l'église, ni
de la société que je m'engage avec toi. Mais c'est Dieu qui
nous noue ensemble. Ce ne sera pas le prêtre, ni l'officier
d'état civil, ni le pasteur, ni la personne légale ou autorisée
à célébrer les mariages qui marient effectivement les gens.
C'est plutôt Dieu lui-même. Car bien avant que les futurs
conjoints ne se soient mariés, Dieu les avait destinés à vivre
ensemble. Donc, nous les chrétiens, ce n'est pas une décision qu'il faut prendre à la légère.

Avant d'aller plus loin, je tiens à te faire remarquer qu'il
y a deux pronoms personnels qui me tourmentent malgré
tout, ce sont : le « Je » et le « Nous », car fort, souvent, les
couples les utilisent vraiment mal.

J'aimerais te dire qu'avant le mariage, le seul pronom
personnel qui sort de la bouche d'un couple fiancé, c'est le
« Nous », qui est un signe de prospérité, de sécurité et d'unité. Ce pronom personnel sujet rassure le couple que tout va
se passer à merveille. Par exemple, l'un d'entre eux pourrait
dire : nous allons nous marier, nous allons construire une
belle maison, nous allons acheter une voiture, etc. Tout
ceci, c'est juste pour montrer qu'il y a ou qu'il y aura une
parfaite unité ou harmonie entre les conjoints. Cependant,
qu'arrivera-t-il après le mariage ?

Plus tard, il y arrivera que le « nous » se changera en
« Je », le premier pronom personnel singulier après le mariage : je vais acheter une voiture, je vais réparer la maison,

je vais visiter les Etats-Unis, etc. Quand cette indifférence s'affiche, ce serait le désastre total. A ce point, la désunion, la zizanie, la discorde, commencent subtilement à faire surface. Et la fissure s'ouvre beaucoup plus large jusqu'à qu'elle se transforme en vallée entre les deux conjoints. Alors la méfiance commencera à remonter à l'air libre ; le désaccord s'affichera, et le divorce frappera à leur porte.

Le pire dans tout cela, c'est que parfois l'un d'entre deux possède des biens ou des comptes d'épargne l'insu de l'autre conjoint.

Mon Cher Philippe, j'aimerais te faire savoir que : le vrai « Nous » engendre toujours la force, l'union, l'amour, la victoire, la responsabilité, la réussite et le succès.

Ce problème ne s'étale pas uniquement dans le cadre du mariage, mais aussi dans certaines organisations politiques, sociales et religieuses. Le « Nous » s'affiche seulement au départ, c'est-à-dire, quand elles sont à l'état embryonnaire. Mais quand elles commencent à accroître numériquement et financièrement, ce pronom « Nous » changera en « Je » et c'est là, bien sûr, que commenceront leur défaite, leur désunion et leur conflit d'intérêts, etc. C'est peut-être en ce sens que les petits groupements religieux s'organisent mieux que les grandes congrégations.

Philippe ! Laisse-moi te rappeler une chose : c'est Dieu que nous devons placer au centre de notre relation afin d'éviter toutes sortes de désarrois, de problèmes et de défaites ; car il ne fait pas seulement la liaison entre deux cœurs, mais il est lui-même l'amour. Je pense qu'une famille qui n'est pas construite sous la dictée de Dieu, est comme une maison construite sur le sable au bord d'une vallée. Elle sera très vulnérable, très risquée, très fragile, … Cependant, quand elle est bâtie sur Jésus, le roc solide, les vents, les tempêtes, les torrents, seront venus, mais elle ne sera pas atteinte. Pour qu'il n'y ait aucune fissure dans notre mariage, il doit être cimenté par le Saint-Esprit. Ce n'est ni le parrain, ni la marraine du mariage que nous devons placer au centre de notre mariage, mais Dieu lui-même. Honnêtement, je n'écarte pas leur rôle, mais la présence de Dieu s'avère nécessaire dans cette grande institution.

Philippe, je crois aussi au dialogue. Ce dernier est la clé du succès dans les relations conjugales. Souvent, on dit que le silence est d'or. Néanmoins, il faut faire très attention, car quand ce dernier a trop duré, il est devenu extrêmement dangereux. Et le diable peut s'infiltrer à n'importe quel moment pour combler ce vide. C'est pour cette raison que nous devons rester unis dans le dialogue, dans l'amour, dans la soumission, dans la compréhension, etc. Parce que l'unité, c'est la seule force universelle qui repousse le diable.

Il n'y a pas de plus beau, de plus merveilleux et de plus spectaculaire engagement que de voir un couple d'amour qui s'enlace, se caresse, se tolère, …

Espérant, cher Philippe, que mes préoccupations à propos de la vie conjugale retiendront toutes tes attentions.

Je te prie de bien vouloir lire attentivement et paisiblement cette petite missive faite en cette spéciale occasion, tout en te souhaitant que notre relation fasse la différence.

Que Dieu dans son immense amour incomparable et dans sa compassion incommensurable te comble de toute sorte de grâce et de bénédiction !

Ton amie, Martine

CHAPITRE 20

Intégration de Philippe dans le Monde Ecclésiastique

Un dimanche matin du mois de novembre, Philippe accompagna Martine à l'église. Il s'habillait comme un coq de grande basse-cour : costume bleu marine, chemise blanche et cravate rouge. En montant l'escalier de l'église, bras dessus, bras dessous, tout le monde les regardait avec beaucoup de curiosité. Tout le monde se pose la question ; d'où viennent ces deux petits pigeons ?

Après le service, Martine présenta Philippe à son pasteur et à certains membres de la chorale « Chœurs des Symphonies ».

Martine était très distinguée à l'église en vertu de ses principes, sa gentillesse et de sa ponctualité aux rendez-vous.

En route, Philippe dit à Martine : oh, Wow ! J'aime ton assemblée. Les gens m'ont donné un accueil chaleureux. C'est comme s'ils me connaissaient auparavant. Je me sens très bien, ainsi la prochaine fois, j'y reviendrai avec toi. Ce qui me parait très intéressant, c'est que le service a commencé à l'heure prévue, et s'est terminé à l'heure.

Martine, lui répondit très soigneusement : « Je suis d'accord avec toi, Philippe ! Car être à l'heure à un rendez-vous que vous avez soit avec un ami, soit au travail, soit à l'église, etc. Est un signe de respect, de responsabilité, de personnalité, … »

Chaque jour, nous voyons des gens dans les rues qui circulent à pied ou en voitures. Certains d'entre eux courent à pas-de-géant ou conduisent à grande vitesse, juste pour arriver à l'heure à un rendez-vous quelconque.

Dans certaines institutions privées ou publiques, quand un employé est en retard, on le sanctionne automatiquement. Dans ce cas, la sanction peut être de différentes sortes : soit qu'on diminue sa paie ou qu'on lui demande de retourner chez lui.

Pour certaines personnes, « être en retard » ne veut rien dire, mais pour d'autres, c'est un cauchemar.

Certains déclarent qu'ils sont toujours à l'heure au travail, mais pas à l'église. Puisqu'on ne sanctionne pas à l'église ; on n'a aucun prix à payer.

Philippe, tu as évoqué un sujet vraiment important. Laisse-moi partager avec toi quelques déclarations que mes amis m'ont faites là-dessus :

- Je suis toujours à l'heure à l'église, parce que je suis timide ; je ne veux pas que les gens me regardent dès mon arrivée. Par conséquent, je me place toujours au premier rang. Ainsi, ils ne s'intéressent pas à moi.

Sr. Rachel

- Le rendez-vous du dimanche matin, soit à l'Ecole domi-
nicale ou au service d'adoration, est un rendez-vous avec
Dieu. Je dois y participer entièrement depuis le début
jusqu'à la fin. Je serais dans mes petits souliers si jamais
un jour, j'étais en retard.

Sr. Sophonie

- Moi-même, en tant que dirigeant de services, je me res-
pecte. Je sais que c'est moi qui vais commencer le service ;
je fais de mon mieux pour être à l'heure. Je serais dans
une situation très inconfortable, embarrassé, si jamais un
jour, j'arrivais en retard.

Fr. Roland

- Ma vie est programmée pour être en retard. J'assimile ce
comportement à une condamnation, car malgré les efforts déployés, je suis toujours en retard. Puis-je trouver
quelqu'un pour voler à mon secours ?

Sr. Wanite

- Je déteste les retardataires, car ils dérangent constamment
les services d'adoration. Non seulement qu'ils viennent
en retard, mais aussi, ils veulent s'occuper les premières
places. Quand on se concentre pour adorer Dieu, c'est à
ce moment-là qu'ils vous demandent d'avancer au milieu. Ainsi, vous êtes déconnecté, déconcentré, etc.

Fr. Jude

- Que c'est joli ! Quand tout le monde arrive à l'heure au service d'adoration. Je me sens donc libéré, vraiment à l'aise et très optimiste, pour délivrer le message de la Parole de Dieu. De toute façon, au lieu de rester chez eux, il vaut mieux qu'ils viennent en retard. Mais je ne leur donne pas une patente de retard pour autant.

Fr. Dominique

- Je vais à l'église en retard parce que chaque dimanche, je me suis habillée pour tout mon argent afin que les autres membres puissent me voir, car je suis toujours tirée à quatre épingles. D'ailleurs, avec les bruits que font mes talons : Ti kop ! Ti kap ! Ti kop ! Ti kap ! Même s'ils dorment, ils doivent se réveiller.

Sr. Roseline

- Ma femme et moi, sommes constamment en retard à l'église, surtout aux services de dimanches matin ; car elle a toujours quelque chose à faire. Quant à son maquillage, c'est son dada : elle ne le négocie pas ! J'ai l'impression qu'elle veut ressembler tout craché à Madame Pilate. Chose bizarre, elle désire toujours prendre le chemin du retour avant la fin de service.

Fr. Gary

- Je suis une mère responsable, un modèle pour mes enfants : Debby et Samy. Je dois leur donner de bons exemples. De ce fait, je fais tout mon possible pour être à l'heure à l'église. D'ailleurs, si vous êtes fidèle au rendez-vous, Dieu le sera avec vous..

Sr. Durand

Philippe ! Comme nous venons de le constater, il est très important que nous soyons à l'heure à nos rendez-vous. Car le retard crée pas mal de problèmes, tels : frustrations, insécurité, émotions, impatience, nervosité, intempérance, incertitudes, antipathie, Irresponsabilité, irrespect, etc. De plus, le pourcentage d'accidents de voitures est très élevé. Ceci vient des gens qui sont en retard à un rendez-vous et qui mettent les bouchées doubles pour y arriver.

Les conséquences de ces accidents sont graves et extrêmement lamentables. Ces gens-là ont non seulement raté leur rendez-vous, mais beaucoup d'entre eux sont morts ou paralysés.

A noter, quand nous sommes en retard, nous avons l'impression que les signaux lumineux durent beaucoup plus longtemps.

Il y a beaucoup plus de gens, plus de voitures qui circulent dans les rues.

Notons aussi, pendant que nous sommes en retard, il arrive souvent qu'une autre personne sans rendez-vous conduit très lentement devant nous. Cela nous rend plus nerveux, plus anxieux, et plus incontrôlables ; nous faisons pas mal de coups jusqu'à ce que nous soyons arrivés au coup de sang.

Cependant, certaines personnes se lancent dans cette optique de retard sans même s'en rendre compte. Malheureusement, dans certaines églises chrétiennes, on prête le flanc à cette mauvaise conception. Par exemple, si une réunion de prière doit commencer à 9:00 heures du matin, les dirigeants disent à 8:00 heures ou à 8:30 heures, heure pendant laquelle on commence à se rassembler pour de bon.

Certains autres arrivent même à parler de ("Lè Blan"), c'est une expression créole pour demander à quelqu'un de faire de son mieux pour arriver à l'heure à un rendez-vous. C'est une façon de dire que le respect de l'heure entre dans la culture de l'homme blanc.

Philippe ! Etre à l'heure, ce n'est pas une question de nationalité, de race, ni de culture. Il s'agit plutôt d'une question de discipline, de respect, de responsabilité, et surtout, de personnalité.

« Mais Martine, que dois-je faire pour remédier à tous ces genres de difficultés, » lui demanda Philippe ?

« Ben ! Philippe, » lui répondit-elle.

Etre à l'heure au service de l'église est très important. Pour cela, 1) Fais comme si c'est toi qui allais commencer le service. On ne peut pas commencer sans toi.

2) Pour les services d'adoration, mets-toi à te préparer à la veille en t'assurant que tout ce dont tu auras besoin le lendemain soit prêt, tels que : vêtements, chaussures, Bible et carnet de notes.

3) Ecoute Philippe ! Si tu estimes que tu dois mettre 30 minutes pour arriver à ton rendez-vous, soit : à l'église, au travail, à l'hôpital, à l'école, ... Il te faudrait y ajouter 15 minutes de plus, soit la moitié du temps prévu. Ainsi, tu auras 45 minutes pour faire le trajet. Car il vaut mieux arriver avant l'heure que d'arriver après.

En dernier lieu, Philippe, dans le cas où il y aurait des intempéries : neige, verglas, pluie, vent, etc. Il faudrait doubler le temps de parcours.

Soit, 30 minutes + 30 minutes = 60 minutes ou (1) une heure. Et parfois même plus, selon ce que ton bon sens te dicte.

Oups ! Je sais que cette transition « d'être toujours en retard » à « être toujours à l'heure » surtout à l'église, n'est pas un secret de polichinelle. Mais si tu as de la bonne volonté, tu arriveras à concrétiser ton rêve. »

Je dois aussi te dire, Philippe, si après avoir tout essayé, tu continues à arriver en retard à l'église, au travail, ou à d'autres rendez-vous, il te faut prendre ton sac et tes cendres, signe de repentance et d'humiliation devant Dieu.

CHAPITRE 21

Philippe dans sa Mécompréhension Vis-à-vis de la parole de Dieu

Durant le mois de décembre, la chorale « Chœur des Symphonies » présenta un grand concert de Noël. Philippe était intéressé beaucoup à y participer, car ce fut pour la première fois que Martine allait performer en sa présence.

Pendant que Martine se trouvait sur le podium, elle a vu Philippe en train de saluer une demoiselle dans l'assemblée. Elle les regardait fixement au point qu'elle détonna. Après le concert, Martine lui demanda s'il connaissait la personne avec qui il liait connaissance. Philippe lui répondit : non. N'oublie pas que c'est toi qui me parlais du salut la fois dernière. Tu sais que ce n'est pas du tout de mon habitude de saluer les gens. Je suis une personne très réservée.

« Ha ! Ha ! Ha ! Seigneur Jésus ! » Rigola Martine.

« Qu'est-ce qu'il y a, Martine ? » Interrogea Philippe.

« Ha ! Ha ! Je te parlais du salut en Jésus-Christ, ha ! Ha ! Il ne s'agit pas de saluer les gens que tu rencontres sur ton chemin. Sinon, on te considérerait comme quelqu'un qui a perdu la tête, » lui dit Martine.

« Là encore, Martine, où est-ce que je vais trouver Jésus pour le saluer ? » Ajouta Philippe.

« Ha ! Ha ! Au contraire, c'est Jésus qui te cherche afin de te saluer, car il est la seule planche de salut, » lui répondit Martine.

Philippe n'avait pas trop bien compris ; cependant, il éclata de rire aussi : « Ha ! Ha ! Ha ! »

« Écoute-moi très bien Philippe ! Au commencement, Dieu créa Adam et Eve. Ces deux jeunes gens ont vécu dans le Jardin d'Eden cordialement avec le Créateur. Dieu les visitait constamment. Puis, un jour, ils se laissèrent tenter par Satan, le diable. Du même coup, ils désobéirent à Dieu. Et depuis, le péché est entré dans le monde. Puisque nous sommes leurs descendants, nous avons automatiquement hérité de cette désobéissance.

Heureusement, Dieu, dans son amour incomparable, a conçu un nouveau plan consistant a envoyé son fils unique, Jésus-Christ, sur la terre pour nous racheter. Ce dernier nous a sauvés en mourant à notre place. C'était de ce salut que je te parlais la fois dernière, » lui expliqua Martine.

Philippe lui répondit : « Dans ce cas, cessons donc de rire, car ce message est trop sérieux ! Je parais un peu trop ignorant. Je crois que ce n'était ni une histoire hilarante ni un conte de fées. Au contraire, ce discours me touche jusqu'au fond de mon cœur. Désormais, cet éclairage fera de ma méditation. Et dans ce contexte, je m'engage à prendre une ferme décision.

« Philippe ! Si c'est pour moi que tu vas prendre une décision, tu commettras l'une des plus graves erreurs. Il te convient d'accepter Jésus parce que tu crois en lui et par lui, tu sauveras ton âme. Sommes-nous tous d'accord qu'un jour devant le tribunal de Christ, il n'y aura ni époux, ni épouse, ni frère, ni sœur, ni paysan, ni citadin, ni riche, ni pauvre, mais chacun doit personnellement comparaître pour être jugé selon ses œuvres.

Tout homme dégénéré doit tirer profit de l'instant présent pour accepter Jésus. Car aujourd'hui, il est notre Avocat et notre Médiateur auprès de Dieu. Mais demain, il nous affrontera comme juge. Par conséquent, il jugera tout le monde avec justice et équité, » l'exhorta Martine.

« Mais où as-tu appris tout cela, Martine ? » Interrogea Philippe.

Philippe ! Ecoute bien ceci : je suis un disciple de Christ, en tant que telle, je dois avoir en temps et en lieu un peu de connaissance de sa parole. Sinon, je ne vais pas être capable de faire d'autres disciples pour lui. Je dois aussi croire dans l'Evangile (la Bonne Nouvelle) qui n'est autre que la venue de Jésus, sa mort pour nous, sa résurrection et son retour. Si je ne connais pas ce que dit la Bible, la parole de Dieu, je ne parviendrai même pas à accomplir ma tâche de disciples. C'est pour cette raison, Philippe, que je participe à l'école du dimanche, aux études bibliques, aux réunions de prière et aux autres activités spirituelles de mon église. Ce moyen sûr et efficace peut consolider ma croissance et ma maturité spirituelles contre toutes les fausses doctrines qui se propagent. Ces doctrines n'auront plus aucune influence négative sur ma foi en Jésus.

Dieu, notre Père, n'a pas voulu simplement pour que je croisse en Christ, mais il a pourvu tout ce qui est nécessaire à notre vie pour rendre possible notre marche dans cette dynamique. Cette provision spirituelle fait partie intégrante du plan du Créateur.

Par exemple, pour qu'un enfant grandisse physiquement, la mère, particulièrement, avant même la naissance de son bébé, a fait des préparations adéquates en ce qui concerne : vêtements, lait artificiel si possible, biberons, stérilisateur, bavoirs, bonnets, berceau ou bassinet, etc. En d'autres termes, la maman doit avoir une vision ou un objectif garantissant l'accroissement et la bonne santé de son nouveau-né.

De même, avant même notre venue sur terre, Dieu a fait des préparatifs pour nous, tant que sur le plan spirituel que matériel, puisqu'il sait préalablement de quoi nous avons besoin pour être des chrétiens équilibrés et consistants. C'est pourquoi le chrétien ne peut pas vivre sans la parole de Dieu, la nourriture spirituelle de son âme.

C'est pour cette raison que je recommande à tous mes amis de rester connectés à Dieu afin d'être protégés contre toutes les ruses du diable. Car plus on est éloigné de Dieu, plus on est vulnérable. Sache Philippe ! Notre ennemi, ce n'est ni une religion ni une secte religieuse, mais plutôt, Satan lui-même.

CHAPITRE 22

La Conversion de Philippe

Quelques mois plus tard, un dimanche matin, après un message sur le salut éternel délivré par Pasteur Maurice, Philippe était ému. Il ressentait quelque chose dans son cœur qu'il ne pouvait pas expliquer séance tenante. Le Saint-Esprit l'a convaincu. Alors, il se leva et accepta Jésus comme son sauveur personnel.

Tout de suite après le service, des frères et sœurs étaient venus auprès du nouveau partisan en vue de se fraterniser avec lui. Ils lui remirent un paquet contenant les principes et la déclaration de foi de l'église et d'autres documents concernant les règlements et le programme annuel de l'église.

Particulièrement, Frère Jude Pyrrol lia connaissance avec Philippe qui habitait non loin de chez lui. C'est ce frère qui allait lui servir de compagnon de ministère.

Maintenant, frère Jude a la responsabilité d'accompagner Philippe dans les réunions de prières, de lire la Bible avec lui, de lui enseigner la parole de Dieu et d'intervenir dans certains besoins spirituels.

Au retour de l'église, Philippe dit à Martine : « Martine ! Je viens de recevoir un accueil très chaleureux de la part de ton assemblée. C'était comme si les gens me connaissaient depuis belle lurette. Je me suis senti très flatté. Et jusqu'ici, je suis dans ma peau. Wow ! Quelle grande famille ! C'est quelque chose d'extraordinaire. »

Martine, lui répondit gentiment : « Je peux t'appeler frère Philippe présentement, ha ! Ha ! Ha ! C'est juste une petite blague, mon cher. Je te félicite pour cette grande décision que tu viens de prendre. Accepter Jésus comme ton Sauveur et ton Seigneur est un choix intelligent. Je comprends très bien que tu as laissé agir ton cœur, mais je dois te dire que ce n'est pas une transition facile, voire l'adaptation. Beaucoup de défis vont se dresser devant toi. Satan, le diable, ne se repose pas. C'est triste de t'apprendre que les pires défis viennent parfois du côté de nos frères et sœurs de l'église qui se disent chrétiens. Ces gens-là, au lieu d'être fidèles à Dieu, ils ont préféré d'être voué leur fidélité à leur religion. Sache-le bien, Philippe, être chrétien ne veut pas dire que toutes tes attitudes vont changer immédiatement, mais il faut être patient, car la vie chrétienne est un processus.

Parfois, certains devanciers disent : « J'étais là avant toi, je ne participe à aucun ministère de l'église, alors que toi qui es à peine arrivé, tu veux tout faire. » Ainsi, ils commencent à te mettre en quarantaine jusqu'à ce qu'ils deviennent tes ennemis. En conséquence, leurs mauvaises attitudes affichées à ton égard peuvent te faire retourner dans le monde des ténèbres.

Ce qui est encore dégueulasse à leurs yeux, c'est quand un incroyant a commis quelque chose de répréhensible, et peu après Dieu lui a fait grâce. Ce coupable pardonné commence à changer de direction. Eh bien ! Ces mêmes frères et sœurs le regardent avec mépris. Pourtant, ce nouveau disciple poursuit son chemin avec assurance.

La Bible nous dit dans 2 Corinthiens 5 :17, LSG : « Si quelqu'un est en Christ, il est une nouvelle créature. Les choses anciennes sont passées ; voici, toutes choses sont devenues nouvelles. »

Ces gens-là agissent de façon différente à ce que Dieu nous a recommandé, à savoir : accueillir, supporter, encourager les nouveaux convertis en le canalisant vers les activités spirituelles afin qu'ils soient transformés complètement. Mais ces croyants en perte de fraternité préfèrent les intimider, les humilier, etc.

A ce sujet, la Bible nous enseigne dans Luc 15 : 7, LSG :

« De même, je vous le dis, il y aura plus de joie dans le ciel pour un seul pécheur qui se repent, que pour quatre-vingt-dix-neuf justes qui n'ont pas besoin de repentance. »

Philippe, je me demande si la façon dont on repousse les personnes qui viennent à Jésus n'est pas un plan conçu par Satan à l'intention de certaines assemblées chrétiennes.

Heureusement, la Bible est très claire là-dessus, par le biais de la déclaration que voici :

« Ce ne sont pas tous ceux qui disent : « Seigneur, Seigneur ! Qui entreront dans le royaume des cieux ; mais celui qui fait la volonté de Dieu qui est dans les cieux. » (Matthieu 7 : 21, LSG)

Philippe, sois prêt ! Prépare-toi à entendre beaucoup de mauvais propos, des choses, sans doute que tu n'avais même pas vues dans les rues, dans les boîtes de nuit, ou même entendues de la bouche des non-convertis. Mais toi, tu dois garder tes yeux fixés sur Jésus, ton Maitre et ton phare. Rappelle-toi Philippe : « La mer est bouleversée, mais le capitaine tient fermement le gouvernail avec ses yeux bel et bien fixés sur le phare. »

« Merci, Martine, tu m'as prodigué de très bons conseils. Je vais faire le meilleur de moi-même pour que j'obéisse aux règlements de la course. Je sais que je viens de faire le meilleur choix de ma vie, je ne vais pas regarder en arrière. Je laisserai derrière moi toutes les mauvaises compagnies », réagit Philippe.

« Et moi, tu vas me laisser tomber ? » Lui demanda Martine.

« Oh non, ha, ha, ha, ha ! C'est juste une petite plaisanterie », répondit Martine.

Je ne laisserai jamais te laisser tomber. Au contraire, tu me donnes beaucoup de courage. Dieu t'a placée à mes côtés pour me montrer le chemin qui mène au ciel. Je ne sais comment te remercier, mais Dieu a pris note de tout cela. » Ajouta-t-il Philippe.

Puis, ils continuèrent la route main dans la main, paume contre paume.

Cependant, cette dernière conversation fit tomber Philippe dans une profonde réflexion. Mais cela ne l'empêcha pas de continuer à partager ses impressions avec Martine au sujet de sa visite à l'église.

Philippe dit à Martine : « Wow ! La présence de Dieu était dans le service. Le Saint-Esprit faisait vibrer les gens comme des aiguilles en présence d'un aimant. »

Martine, lui répondit à son tour : « Philippe ! La présence de Dieu est partout et ailleurs. Pourtant, tu la ressentais parce qu'il y a une connexion entre Dieu et toi maintenant. Et, l'autre personne qui était à côté de toi, pourrait dire différemment.

La connexion avec Dieu dans un service d'adoration ou de louange ne dépend pas de la quantité de cantiques ou de chœurs entonnés, mais elle dépend donc de la condition ou de la disposition de cœur de chaque personne.

Dans Jérémie chapitre 29 : 13, LSG, Dieu nous a révélé quelque chose d'extraordinaire par le biais de cet oracle : « Vous me chercherez, et vous me trouverez, si vous me cherchez de tout votre cœur. »

Philippe ! Il y a plusieurs façons de chercher Dieu, mais les façons les plus simples sont : dans le jeûne, les prières, les supplications, l'adoration et louange, etc. De plus, il faut avoir une vie sanctifiée pour que cette connexion soit possible.

Philippe ! La manière dont tu me regardes me laisse comprendre que tu n'as pas trop bien compris. Ecoute, si je place un morceau d'aimant dans un endroit quelconque, automatiquement un champ magnétique se crée autour de cet aimant. Mais personne ne peut le voir à l'œil nu, car c'est complètement invisible. Cependant, si tu places un morceau de fer en face de cet aimant, il y aura une force qui l'attire. Cette force-là, quoiqu'invisible, mais il y existe. Plus tu rapproches le morceau de fer du morceau d'aimant, plus le morceau de fer se déplace avec rapidité.

Et selon la loi du contraire, si on place un morceau de cuivre au même endroit où a été placé le morceau de fer, malgré la présence du champ magnétique, il ne sera pas attiré par cet aimant. Car ce dernier est incompatible à ce morceau d'aimant. Il est vrai que les deux sont deux morceaux de métal, mais ils n'ont pas les mêmes propriétés.

Philippe ! C'est une façon de t'expliquer que deux personnes peuvent être dans le même endroit, l'une d'entre-elles ressent la présence de Dieu, mais l'autre ne ressent rien. De ce fait, ton esprit doit être toujours connecté à Dieu si tu veux sentir sa présence constamment dans ta vie.

Mais il nous faut toujours nous méfier de nos émotions, parce qu'elles peuvent nous faire exciter, crier ou verser des larmes visibles, pendant que la présence de Dieu est complètement absente.

Se connecter à Dieu ne devrait pas seulement être un sentiment d'émotions, mais plutôt une transposition de cœur ou une transformation de cœur. Tu as compris, Philippe !

Ressentir la présence de Dieu revêt une attitude d'adoration, de louange, de prières et de supplication.

De toute manière, mon ami, je m'estime contente que tu te sentes très bien accueilli par l'assemblée. Toutefois, laisse-moi te dire une chose, Philippe : le rôle de l'Eglise, c'est d'accueillir tous les nouveau-nés ou nouveaux convertis. Car un nouveau converti est un bébé spirituel très fragile. Il a besoin d'un guide en permanence pour l'orienter, car la vie chrétienne est un processus. Voilà pourquoi, l'Eglise doit avoir un plan, une vision, pour l'accroissement des bébés spirituels.

Il convient de retenir que la bonne santé d'un bébé dépend de celle de sa mère, c'est du lait maternel qu'il se nourrit. Si la mère est mal nourrie, ce manque à gagner affectera son bébé. Ce déficit nutritionnel occasionnera une carence d'accroissement chez les deux.

De plus, Philippe ! La mère doit se garder propre, non seulement pour le maintien de la bonne santé du nouveau-né, mais aussi pour sa propre santé.

De même, la nourriture spirituelle d'un nouveau-né en Christ doit être parfaitement équilibrée. Sinon le bébé sera vraiment surchargé, ce qui lui occasionnera un dérangement spirituel. Il devient donc un bébé flottant et emporté à tout vent de doctrine : entre autres, la tromperie et la séduction des hommes. Et honnêtement, nous reconnaissons qu'il y a trop de « chrétiens » déséquilibrés dans nos assemblées. L'éclatement d'un réveil spirituel s'avère nécessaire. Alors les chrétiens sauront réellement comment servir Dieu, car il y a une grande différence entre respecter Dieu et servir Dieu.

Enfin, Philippe, je dois te dire que ce sont les adultes, autrement dit les gens matures spirituellement, qui doivent protéger les bébés ou s'occuper d'eux ; parce que les autres gens se distraient trop facilement.

CHAPITRE 23

Le Baptème d'eau de Philippe

Depuis la dernière conversation de Philippe avec Martine, sa relation intime avec elle devint plus étroite.

Quelques mois plus tard, Martine dit à Philippe :

« Tu sais une chose : maintenant, tu crois, et tu disposes de Jésus-Christ comme ton Sauveur personnel. Il te reste encore une autre grande décision à prendre : celle de te faire baptiser dans l'eau. C'est ce qui prouvera ton adieu au monde des ténèbres. C'est aussi une autre façon de raffermir ta foi. »

Philippe lui posa la question : « C'est quoi le baptême d'eau ? Quel est son but pour un nouveau converti ? »

Martine, lui répondit : « Le baptême est un grand pas du chrétien vers l'obéissance. Il renforce sa décision de marcher avec Jésus. Même si cet engagement public ne suffit pas pour sauver le chrétien, il demeure un pas indispensable après sa conversion. Aussi, le baptême confirme l'identification spirituelle de la personne convertie à la mort, à l'ensevelissement et à la résurrection glorieuse de notre sauveur et seigneur Jésus-Christ. »

Et Martine de poursuivre : « Philippe ! Je tiens à te faire remarquer que je te parle du baptême par immersion, c'est-à-dire complètement plongé dans l'eau. »

Philippe lui répondit : « La fois dernière, Frère Jude Pyrrol m'avait brièvement donné pas mal de notions concernant ce type de baptême. » Tu as juste ajouté à ce qu'il avait commencé de m'enseigner. J'estime que je suis dans de bonnes mains, car tes approches ne sont pas différentes de celles de frère Jude.

C'est très bien ! Il a fait son travail de compagnon. De toute façon, plus tard, je t'enseignerai quelques versets bibliques qui prouvent que le baptême est nécessaire au salut. Cependant, la parole de Dieu nous enseigne clairement, comme de l'eau qui coule à la rivière « Dòz », que :

« Nous sommes sauvés par la grâce, par le moyen de la foi. Et cela ne vient pas de nous, c'est le don gratuit de Dieu. » (Ephésiens 2 : 8, LSG)

Ce jour-là, à compter de cinq heures de l'après-midi, les deux amoureux se sont rencontrés au Champ-de-Mars, près de la statue d'Alexandre Pétion, pour continuer la conversation sur le baptême par immersion.

Après qu'ils eurent fini de parler de ses projets d'avenir, Philippe dit à Martine : « Revenons à nos moutons ! »

« Lesquels ? » Lui répondit Martine.

Le baptême est un engagement d'une bonne conscience devant Dieu, lui répondit Philippe.

« Oh, yeah ! Philippe, si j'ai très bien compris, tu es très intéressé ? Continua Martine.

« Et pourquoi pas ? Après toutes ces évidences que nous venions d'avoir, je peux remarquer que celui qui refuse de se faire baptiser après sa conversion ne croît pas totalement en Christ, » lui dit Philippe.

Martine, lui répondit : exactement, Philippe !

« Laisse-moi encore te dire une chose très importante concernant la marche chrétienne : dès que tu acceptes Jésus comme ton sauveur personnel, tu es devenu non seulement un leader, mais aussi un coureur ou encore un athlète.

« Un coureur ? » Lui demanda Philippe.

Yeah ! Un coureur : la vie chrétienne est une course dans laquelle, il y a une ligne de départ et une ligne d'arrivée. Maintenant, tu te tiens sur la ligne de départ. Et comme tout coureur, tu as besoin d'un très bon entraîneur ou guide ou instructeur. Ce dernier, te donnera des directives nécessaires ou des stratégies adéquates pour remporter la compétition ou franchir la ligne finale. Car quand Dieu t'a fait grâce pour être un coureur, il te faut beaucoup de discipline, et d'exactitude dans les régulations.

La grâce de Dieu produit en nous l'amour, la compassion, ... envers les autres, tandis que la graisse spirituelle de sa part produit la paresse, l'oisiveté, la négligence, et mille autres choses semblables.

Celui qui accumule de la graisse spirituelle, c'est quelqu'un qui est rempli de la grâce de Dieu, mais qui ne la fait pas valoir. Il se gonfle de la bonne parole de Dieu, il augmente son capital de connaissance dans ce domaine. Au final, il les garde au lieu de les partager aux autres. Il n'a jamais dit à une autre personne que Dieu est amour. Par conséquent, toute cette grâce divine se transforme en graisse spirituelle. Cette accumulation de graisse ne peut engendrer qu'une déformation spirituelle.

La déformation spirituelle due à l'accumulation de graisse spirituelle gardée inutilement produite une surcharge spirituelle. Toute surcharge spirituelle peut produire un déséquilibre spirituel. En clair, la personne déséquilibrée devient très susceptible, très fragile, vraiment vulnérable... Elle pense qu'elle peut réussir toute seule. Sa vérité est toujours poussée à l'extrême. Quelle prétention !

En général, toute vérité qui consiste à détrôner à tout prix une autre vérité, est évidemment un mensonge. Et tout mensonge vient du diable.

Jacob Cat disait avec justesse : « Si vite que court le mensonge, la vérité un jour le rejoint. »

Donc, tu vois, Philippe ! Il t'importe de rester fermement attaché à Dieu, car tout le monde, en acceptant Jésus-Christ comme son sauveur personnel, dispose de sa feuille de route que Jésus lui-même lui a donnée. Ce document est très important, car la vie chrétienne est une course très difficile à effectuer parce qu'elle ne se fait pas sur une ligne droite. Il y a des courbes, des cailloux, des épines, des obstacles, des épreuves, de la faim, de la fatigue, du découragement, des embûches, de l'obscurité partout et ailleurs. Par conséquent, sans l'aide du Saint-Esprit comme entraîneur, tu n'arriveras jamais à remporter le prix, surtout, il n'y a pas de raccourci. C'est l'une des raisons la Bible nous dit :

« Il donne de la force à celui qui est fatigué, et il augmente la vigueur de celui qui tombe en défaillance. Esaïe 40 : 29, LSG.

Je tiens aussi à te dire que dans cette course spirituelle, tous les coureurs n'arriveront pas en même temps. Cependant, à cause de leurs lacunes spirituelles, certains d'entre eux se bousculent afin de s'occuper la première place. C'est à partir de là que commencent leurs échecs : jalousie, hypocrisie, animosité et hostilité. Chacun doit rester dans sa ligne de course. Personne ne peut prendre la place de l'autre, car c'est Dieu qui distribue les agendas. Mais la méconnaissance de ton agenda fait de toi comme une mouche qui vole sans direction.

Quand ces types de problème persistent, le juge de la course intervient et sanctionne les coureurs conformément aux règlements de la course. Alors, Philippe ! Tu vois la nécessité de te concentrer, te montrer combatif et très prudent.

Il faut faire extrêmement attention, Philippe, parfois certains coureurs se mettent à se moquer des autres participants, les distraire dans le but de les porter à abandonner la course. Mais, toi, sois ferme et inébranlable, mon frère, car ton instructeur, le Saint-Esprit t'accompagnera tout le long du chemin. Ecoute très bien ses instructions ! Tu as déjà remporté le prix par ta foi en Jésus. Sache-le bien, il y a assez de couronnes pour chaque participant indistinctement.

Quelle que soit la course, pour remporter le prix, il faut reconnaître qu'on est dans une course. Il importe donc d'appliquer les meilleures stratégies, se focaliser sur le but visé, courir avec précision, etc.

Philippe ! Avant de terminer mes conseils, je t'encourage à prier Dieu afin qu'il t'aide à identifier le don qu'il a mis à ta disposition pour faire son travail. Car un manque d'élégance se manifeste, quand quelqu'un qui t'a fait un cadeau revient chez toi, qu'après un certain temps trouve le cadeau est encore emballé. Ce qui est plus triste, c'est que tu continues à te plaindre auprès de la même personne pour une chose qu'elle t'a déjà donnée.

De même, quand Jésus reviendra, il trouvera beaucoup de dons spirituels encore emballés chez certains chrétiens.

Encore une fois, merci Martine pour tous ces conseils pratiques. Tu te révèles une vraie amie. Et je suis réellement fier de toi. Tu me parles toujours avec amour et avec compassion. C'est pour cette raison que tes conseils transcendent toujours mon cœur. Franchement, si je t'avais rencontrée depuis bien longtemps, je n'aurais pas commis autant d'erreurs que j'estime ridicules.

Tu pars d'un bon pied, Philippe. Il te convient également de prier Dieu avec intelligence, c'est-à-dire après tes demandes, tu dois observer une pause afin de prendre le temps d'entendre sa voix. Car la prière est un dialogue avec Dieu. Il faut donner à ton interlocuteur, savoir Dieu, du temps pour s'exprimer aussi. Cette sagesse entre dans le cadre de la manifestation de ta foi.

CHAPITRE 24

Martine en Visite dans sa Localité De Naissance

Quelques jours plus tard, Martine proposa à Philippe d'aller rendre visite à sa maman à Corail durant les vacances d'été.

En été, la verdure sur la Montagne-de-Bois-Zombie, les brouillards du pic de la montagne, le chant des oiseaux et le bruit des animaux impressionnent presque tous les romantiques de la zone.

Philippe était absolument content d'accompagner Martine dans sa ville natale. Cette visite avec sa copine lui permit d'aller à la campagne pour la première fois.

La maman de Martine a été mise déjà au courant de la visite. A la veille, Maggie nettoya la maison, lava les cruches et les ustensiles de cuisine avec des feuilles d'amourette qui ressemblent beaucoup aux feuilles d'aubergines. Puis, elle humecta les chambres avec de l'eau de basilic et de citronnelle pour qu'elles aient une odeur agréable. Elle donna une petite somme à frère Bruno pour blanchir les murs de la maison avec de la chaux vive.

Le lendemain matin, Maggie se réveilla de très tôt, et descendit de la Montagne-de-Bois-zombie pour se rendre à la station des autobus.

Un premier autobus arriva vers les deux heures. Maggie, avec ses yeux grands ouverts, regarda par-ci par-là, les passagers qui descendaient de l'autobus. Or, Martine n'y était pas. Maggie ne pensait pas que sa fille allait arriver dans une voiture privée. Martine aperçut sa maman d'autobus. Voyant sa maman, elle demanda à Philippe de s'arrêter immédiatement. Puis, elle accourut et se jeta dans les bras de Maggie. Les deux commencèrent à pleurer de joie. Ceci attira le regard de tout le monde dans la gare, tandis que Philippe resta debout comme un soldat au garde-à-vous. Ensuite, Martine présenta Philippe à sa maman.

Les amis de Maggie s'organisèrent d'une façon très spéciale pour recevoir les invités socialement et spirituellement.

Et pour saluer l'arrivée de deux copains, les habitants de la zone leur réservèrent un accueil fait avec des feuilles de cocotier, de flamboyant, des fleurs de laurier-rose, et d'autres de toutes sortes de couleurs.

Les gens qui descendirent de la montagne pour se rendre à la Vallée étaient très éblouis de cette grande activité.

Les femmes portèrent de grandes robes tissées en «Karabela» et de ric-rac multicolores dans les bordures et des mouchoirs de toutes sortes de couleurs. Quant aux hommes, ils portèrent de grands chapeaux de paille et des pantalons bleu-marine.

Pendant qu'ils entraient, Martine et Philippe, les gens les acclamèrent au son de la musique : tambourin, vaccine, flûtes, tambours, chansons, danses, contredanses, à chaque homme, une femme...

Les gens servirent du thé, de basilic, de cannelle et de gingembre, du café, du pain, de la cassave, des « bonbons sirop », des vivres alimentaires, de griot, de la viande de cabri, etc.

Là, sous une grande tente en feuilles de cocotier, ils ont tous passé un moment solennel dans la joie et la paix. Quelle unité !

Maggie était très surprise de la réaction des habitants de Corail, car elle ne s'attendait pas à ce chaleureux accueil. Tout le décor était concocté au moment où elle allait rencontrer Martine et Philippe. Elle ne trouvait pas de mots pour remercier les gens. Et il convient de signaler que, dans cette petite communauté, tout le monde qui a vu grandir Martine, se considérait comme un membre de la famille.

Philippe, particulièrement, était très étonné de la façon dont les gens l'avaient accueilli. Il ne pouvait pas cacher sa surprise en serrant la main de chaque personne avec un grand sourire aux lèvres.

Après le départ des convives, Philippe dit à Martine : j'adore les habitants de Corail, car ils nous ont reçus chaleureusement. Ils sont tous des gens cultivés et très hospitaliers. Regarde ! Comment ils ont procédé pour nous saluer : ils enlèvent leur chapeau et s'abaissent jusqu'à terre. Leur sourire sort du tréfonds de leur cœur avec beaucoup de sincérité et de séduction. Ils sont toujours à notre service, et ceci, sans hypocrisie. C'est un peuple très généreux et très courtois. Le problème de l'un est celui de l'autre. Ils sont vraiment différents des autres gens que j'ai l'habitude de rencontrer sur mon chemin. Quel grand privilège Dieu nous a donné aujourd'hui ! Nous sommes accueillis comme une princesse et un roi !

Martine ! Allons de l'autre côté du jardin afin de contempler la nature !

Wow ! Regarde cette fleur, elle est extrêmement jolie, n'est-ce pas vraie ? Avant le coucher du soleil, elle va perdre complétement sa beauté. Dans le même contexte, ce n'est pas seulement ta beauté extérieure qui me séduit, mais surtout celle de l'intérieur. Si un jour, tu perds la beauté extérieure, celle de l'intérieur restera toujours ma favorite. Restons donc ici, Martine, sous ce petit manguier !

Puis, Philippe appuya sa tête sur Martine et commença à explorer un petit manguier :

Petit manguier, que tu es joli !
Pourquoi te places-tu tout seul ici ?
Tes verdures m'attirent beaucoup !
Tes branches donnent une agréable ombre !
Et, tes mangues sont délicieuses et fraiches !

Petit manguier, tu es une bonne mère !
Tu apportes de la joie dans notre cœur !

Ta présence dans la zone est véritable !
Car cet été, tu nous donnes de la fraicheur.
Que tu fleurisses toujours, petit manguier !

Petit manguier, tu restes stationnaire !
Et pourtant, tes fruits voyagent partout.
Fais attention ! Les autres fruits sont très jaloux.
Ta couleur et ta beauté naturelle épatent toute la nature.
Prends garde aux avocatiers et aux papayers !

Petit manguier ! Ton amour est inexplicable !
Même si les enfants te lancent des pierres,
Tu leur donnes quand même des fruits.
Petit manguier, tu n'es pas égoïste !
Même aux oiseaux, tu sers de repos !

Martine esquissa un sourire de joie en voyant comment son copain se montra aussi humble et bienveillant sur sa terre natale.

Martine, tu sais, je vois la présence de Dieu à travers la nature, les étoiles, à travers cette belle pleine de lune, à travers les gazouillements des oiseaux, et à travers ce petit manguier.

Martine répondît : « La nature elle-même témoigne la grandeur et la magnificence de notre Créateur. Je suis très bien content que tu aies fait de très bonnes expériences et de très bonnes observations. C'est une erreur très grave de la part de certains qui mettent leur confiance dans les êtres créés au détriment du vrai Créateur. L'être créé n'est jamais plus grand que le créateur. De plus, cela dévoile le poète que tu es. J'apprécie cela plus que tu n'imagines.

CHAPITRE 25

La Soirée Inoubliable de Martine et de Philippe

L e soir étant venu, sous un ciel couvert de beaux nuages et une pleine lune rayonnante comme un bout de bois de campêche allumé dans un fourneau à chaud, les enfants du voisinage se réunirent dans la cour pour conter des histoires, donner des devinettes, raconter des décentes blagues, déclamer des poèmes, etc.

Djo Piman, le fils de Boss-André, dit : Krik ! Puis, les autres gens répondirent : krak !

Il dit encore : Tim ! Tim ! Cette fois-ci, tout le monde répondit : Bwa sèch !

Il déclara : « Celui qui trouvera la bonne réponse, gagnera : trois épis de maïs et un avocat. »

Djo Piman demanda : 1 + 1 est égal à quoi ?

Tout le monde répondit : c'est égal à 2.

Djo Piman répondit : ce n'est pas du tout la bonne réponse.

Puis sous un parfait silence, il révéla que : 1 + 1 = 1.

Noémie demanda à Djo Piman d'expliquer la réponse.

Djo Piman se mit debout, arrangea son chapeau, fixa son pantalon dans sa taille et dit :

« Quand mademoiselle Martine se mariera avec Monsieur Philippe, ils ne seront pas deux, mais un.

Eh bien ! En amour, la somme de : 1 plus 1 est égale à 1.

Tout le monde éclata de rire en applaudissant la réponse de Djo Piman.

Philippe était tellement content de la réponse, il donna un billet de cinq gourdes à Djo Piman dans le but de lui montrer que cette addition est une addition d'amour extraordinaire.

Djo Piman lui dit : « Merci Monsieur Philippe ! Mais jevais vous donner une autre devinette qui est beaucoup plus facile. Cette fois-ci, je m'adresse seulement à toi, et je pense que tu seras en mesure de trouver la bonne réponse.

Philippe lui dit : « Ok Djo, vas-y ! »

Monsieur Philippe : 1 + 1 + 1 est égal à quoi ? Martine voulait répondre, mais Djo Piman s'imposa catégoriquement.

Après tant de réflexions, Philippe lui dit : « La réponse est 1. »

Djo Piman lui dit : « Explique-nous, monsieur Philippe ! »

Philippe leur dit : « Dieu le père, Dieu le fils et Dieu le Saint-Esprit est égal à un seul Dieu qui se manifeste en trois personnes. »

Tout le monde se réjouit de la réponse. Les gens applaudirent en criant : « Ouah ! Ouah ! Monsieur Philippe ! Monsieur Philippe ! », « Ouah ! Ouah ! Monsieur Philippe ! Monsieur Philippe ! »

Comme il se fit tard, Maggie prépara sa chambre pour Philippe, tandis que Martine prépara l'autre chambre d'à côté pour qu'elle puisse dormir avec sa maman.

Aux environs de dix heures, tout le monde s'évacua et un autre rendez-vous fut fixé pour le lendemain.

Quelques minutes plus tard, Martine se leva et frappa à la porte de la chambre où se coucha Philippe et lui demanda :

« Philippe, tu as vu le pot de nuit ? »

« Quoi ? Le pot de nuit… C'est quoi ça, Martine ? »

Martine s'approcha de la chambre, et lui montra le pot de nuit.

« Ça, c'est un vase. Si tu veux faire pipi durant la nuit, tu n'as qu'à l'utiliser, lui dit-elle. Ne sois pas timide ! Bonne nuit Pipo, que tu fasses de beaux rêves ! »

Philippe lui répondit : « Fais de beaux rêves aussi ! »

Après le départ de Martine, curieusement, Philippe prit le vase : il le tourna à gauche et à droite, ensuite, le replaça doucement sous le lit. Puis, il s'endormit.

Le lendemain matin, Michel, le parrain de Martine, lui apporta un demi-gallon de lait de vache, des feuilles de citronnelle et quelques patates. Il frappa à la porte, en disant :

« Où est ma filleule ? » Maggie ouvrit la porte.

« Bonjour commère Maggie, comment a été la nuit ? »

« Donne ça à ma filleule pour moi, et dis-lui qu'aujourd'hui la vache ne m'a pas donné beaucoup de lait, car nous sommes en temps de sécheresse. »

Pendant que Michel parla à Maggie, Martine resta au seuil de la porte, disant : « Bonjour parrain, je te remercie beaucoup ! A Port-au-Prince, le lait de vache est très compliqué.

C'est comme une mousse de savon, tandis qu'ici, nous avons du lait organique », déclara Martine.

Après un laps de temps, Martine invita Boss Michel à la salle à manger.

« Entre donc, parrain, pour prendre du petit café avec nous. Philippe est à l'intérieur. »

« Ne t'en fais pas, ma filleule, je ne peux pas rester pendant longtemps, car je vais donner de la nourriture à la vache, » répliqua Michel.

Cinq minutes plus tard, Michel dit :

« Eh bien, filleule ! Nous nous reverrons plus tard, après la tombée du soleil. »

Ainsi, Maggie se déplaça et alla préparer une petite collation très distinguée pour les fiancés.

Pendant qu'ils mangeaient, Philippe regarda au coin de la salle à manger et demanda à Martine : « C'est quoi ça, Martine ? »

Ça, c'est un « canari ». C'est comme une petite cruche. C'est là-dedans qu'on conserve de l'eau fraîche à boire, lui répondit-elle.

Philippe lui dit : « Eh bien ! Donne-moi un peu d'eau fraîche, s'il te plaît. » Martine lui en donna. Et après l'avoir bue, Philippe lui dit : « Je peux considérer ce "canari' comme un réfrigérateur de grande marque, de grande envergure, car il conserve de l'eau très fraîche et très pure. Wow !

Philippe venait de faire une expérience extraordinaire. Il ignorait la façon de vivre de certaines personnes évoluant en dehors de son environnement immédiat. Martine lui apprit pas mal de choses dans sa vie. C'est comme une nouvelle naissance pour lui. Et tout cela faisait grandir davantage son amour pour elle.

CHAPITRE 26

Martine et Philippe de retour chez eux

Le lendemain, avant de quitter Corail pour se rendre à Port-au-Prince, Philippe appela Maggie dans la chambre, et la félicita pour la confiance qu'elle a eue en Martine, en disant :

« Maggie, je tiens à te remercier pour ta fille dont la beauté est incomparable. Elle a une tête pleine, bien faite, et son éducation est exemplaire. Ses conseils sont extraordinaires. Je dois aussi te dire que je trouve en toi une maman exceptionnelle. Car tu n'as pas mis sur la beauté physique de ta fille, mais de préférence sur bonnes notions de valeurs morales que tu lui as inculquées. Certains parents pensent que la beauté de leurs filles leur permettrait de trouver n'importe quel partenaire pour se marier. Elles n'ont pas besoin d'être éduquées. Mais toi, tu vois les choses tout différemment. Tu as investi en Martine pour qu'elle soit utile à la société et à l'Eglise, particulièrement à Dieu.

Franchement, je ne regrette pas du tout qu'elle soit à mes côtés maintenant. Je dois te dire aussi qu'elle m'a beaucoup aidé à tous les points de vue. Grâce à elle, ma vie a changé de direction, en quittant la pratique des œuvres de la chair comme : l'impureté, la dissolution, l'idolâtrie, les inimitiés, les querelles, les jalousies, les animosités, les disputes, les divisions, les sectes, l'envie, l'ivrognerie, les excès de table, et les choses semblables. Mais présentement, j'ai dans mon cœur le fruit de l'Esprit, étant devenu un homme régénéré, l'amour, la joie, la paix, la patience, la bonté, la bénignité, la fidélité, la douceur, la tempérance habite en moi. A présent, je n'ai aucune barrière dans ma vie, car le Saint-Esprit est en contrôle.

Peu après cette conversation, Maggie appela Martine dans la cuisine au moment où Philippe arrangea sa valise. Elle dit à son unique fille :

« Martine, ma chérie, j'apprécie beaucoup le choix que tu as fait. J'ai parlé beaucoup à Philippe, je vois en lui un homme responsable. Par-dessus tout, il a la crainte de Dieu. Cependant, il faut faire très attention, car être un homme moral, n'est pas synonyme de chrétien. L'inverse aussi peut se faire valoir. »

Elle a serré Martine dans ses bras, en disant : « Ma fille, tu vas devenir une grande femme. Je peux te le confirmer, car Dieu me l'a révélé longtemps de cela. Ne t'éloigne jamais de la parole de Dieu. Fais de cette parole ta profession en la pratiquant jour et nuit. Et je t'encourage à servir Dieu comme une vraie professionnelle, jamais comme une amatrice. N'abandonne jamais ton territoire, c'est-à-dire Montagne-de-Bois-zombie. Ne permet à personne au monde de changer les bonnes notions spirituelles que je t'ai enseignées dès ta naissance. Rappelle-toi bien ceci :

« Tes fils et tes filles ne connaitront pas la misère. Les regards de tous les habitants de Montagne-de-Bois-Zombie, et même ceux de la Vallée, se fixeront sur toi et ta famille, car ton nom sera très populaire dans la zone et dans tout le pays. Certaines personnes seront très jalouses de toi, mais rappelle-toi bien ma fille : Dieu ne t'abandonnera jamais ! C'est une promesse véritable qu'il t'a faite. Fais attention ! Ma fille ! Ne sois pas naïve. »

Puis avec ses yeux très émus, Maggie ajouta : « Si après mon départ pour le ciel, tu voudrais porter de deuil pour moi, j'aimerais que ce soit la parole de Dieu, c'est-à-dire d'appliquer toutes les bonnes notions que je t'avais inculquées dès ta naissance. Cela fera la joie de tous ceux qui sont à tes côtés. »

Puis, elle ajouta :

« Le deuil que tu porterais pour moi sera l'Evangile. C'est le seul héritage que je laisserai pour toi. Dès ta naissance, j'avais fait mon testament, et j'avais dit : je suis pauvre, je ne possède aucun bien matériel : pas de cabris, pas de taureaux, pas de portions de terre, pas de jardins, l'unique bien que je possède, c'est l'Evangile, un bien impérissable. Je ne peux pas l'escompter, ni le négocier, ni le vendre. Ma fille, habille-toi avec ce deuil qui est impérissable et incommensurable.

CHAPITRE 27

Philippe, ses exploits à Corail

À son retour de Corail, Philippe expliqua à sa maman tout ce qu'il vit dans cette localité.

« Maman, je peux te dire présentement que ma vie a changé. Je ne suis plus ce même homme que tu connaissais auparavant. J'ai maintenant beaucoup plus de maturité à tous les points de vue. Je viens de découvrir la réalité de la vie. J'ai compris pourquoi on dit : « Qui a beaucoup voyagé, a beaucoup vu. »

Le visage stupéfait, Madame Valancourt se tint debout, écoutait Philippe avec beaucoup d'attention.

« Maman, maintenant, je vois les choses différemment pendant le peu de temps que j'ai passé avec les habitants de Corail sur la Montagne-de-Bois-Zombie. J'ai appris beaucoup de choses positives que je n'oublierai jamais tout le reste de ma vie. »

« Maman, les habitants de Corail vivent dans la misère, tandis qu'ils gardent le beau sourire aux lèvres. C'est avec leur sourire de rêve qu'ils attirent les gens qui viennent d'ailleurs. »

« Il y en a un d'entre eux qui m'a dit : « Mon fils ! Si tu veux que ton cœur abondé de joie, commence donc par rêver. Rêve même de l'impossible, car quand on rêve, on est toujours dans la joie. Quand on est dans la joie, on apprend mieux. Un sourire qui provient d'un cœur sincère coûte beaucoup plus cher que le plus beau parfum du monde. Surtout, partage ton sourire à celui ou celle qui ne peut pas sourire. Souris pour ceux qui ne veulent pas sourire. Souris pour ceux qui ne savent pas sourire. »

Puis, l'homme sage a ajouté : « L'une des armes du succès, c'est de pratiquer une vie de prières et de méditation personnelle, car une vie sans prière est une vie très vulnérable. De même que tu as besoin de passer du temps avec Martine pour mieux la connaitre, pour mieux connaitre Dieu, mon fils, il te faut passer du temps avec lui dans les prières, les supplications, etc. »

Comment dois-je oublier les bons conseils de ce grand homme ? Mentionna Philippe.

Maman, ces gens-là s'organisent mieux que les gens qui se disent citadins ; car ces derniers refusent de faire n'importe quel travail, mais les paysans voient les choses différemment. Ils comprennent très bien la loi de la semence, ils sont très actifs dans la plantation des denrées agricoles. Ceci est incroyable !

Les salutations des habitants de corail sortent du tréfonds de leur cœur. Il y a là-bas une unité parfaite qui règne dans leur cœur. Ce sont des gens civilisés. De plus, ils se connaissent les uns les autres. Quand ils se rencontrent, ils appellent les femmes : commères, et les hommes : compères.

Je n'oublierai jamais ce petit marché public sous le toit de ce grand arbre verdoyant appelé « flamboyant ». Là, ils exposaient toutes sortes de denrées agricoles, telles que : maïs, riz, pois, patate, igname, manioc et canne à sucre, etc. Dans la zone, les fruits sont vraiment délicieux ; les denrées agricoles sont organiques. Le coût des produits n'est pas élevé.

Sur les étagères, on retrouvait : cassave, pain, épices, miel, sucre, couche-couche, ''rapadou'', etc. C'était réellement fantastique !

Maman, durant la nuit, la zone est devenue comme une salle de théâtre allumée. L'ambiance a été rendue possible par les lucioles, les étoiles et la lune et les sons de musique que font les insectes, le grincement de la chauve-souris, le coassement des crapauds et le hululement de la chouette, m'impactaient beaucoup. Durant le jour, on entend : le mugissement des bœufs, le hennissement des chevaux, le roucoulement des ramiers et les tourterelles et le bêlement des moutons. Par ailleurs, les coqs ne se lassent pas de faire leur boulot : ils chantent chaque matin pour annoncer la transition entre le jour et la nuit. De cette manière, les habitants profitent de cet avertissement pour marquer le départ de leurs activités.

Maman, j'aimerais qu'un jour papa et toi ailliez visiter avec nous. Vous ne le regretterez jamais. Là-bas, c'est une vie exceptionnelle, laquelle peut changer la conception et la perception des gens d'ici qui se croient supérieurs aux campagnards.

Madame Valancourt plaisanta en disant :

« Ne me dis pas qu'en visitant Corail, on a fait un lavage de cerveau pour toi. Il parait que Martine t'a converti, Pipo ? »

« Mais maman, il parait que tu as une mauvaise conception de la conversion ? » Lui répondit Philippe.

« Maman, il y a deux chemins : un chemin qui mène à la perdition éternelle, et un autre à la vie éternelle. Lequel des deux, préfères-tu, maman ? »

Madame Valancourt poursuivit et dit : « Apa li papa ! Yo vire lòlòj pitit mwen an ! » Mezanmi, kote-m pran la-a, papa !

Puis, Philippe renchérit :

« Si Martine et moi avons choisi la route qui mène à la vie éternelle, c'est parce que nous sommes intelligents, nous nous laissons convaincre par le Saint-Esprit. D'ailleurs, un couple qui partage la même foi chrétienne, a toujours plus de chance de réussir dans la vie que celui qui en partage deux sous les feux de la différente. »

Philippe continua : « Maman, la conversion n'est pas un simple changement de religion, il s'agit plutôt de se détourner du péché pour se tourner vers Dieu. »

« Philippe ! On t'a raconté que j'ai fait quelque chose de mal ? » Rétorqua Madame Valancourt.

« J'ai grandi dans une famille aisée. Mes parents ne me laissaient jamais sortir toute seule. Je n'ai jamais fait tort à personne. Je ne fume pas, ne bois jamais de l'alcool. D'ailleurs, je demeure une personne très réservée ; je ne me suis jamais mêlée dans les affaires des autres. Mon passe-temps a été toujours : lire les collections Arlequin », lui fit savoir Madame Valancourt. »

« C'est vraiment beau d'entendre tout ça de toi, Mamie !
Cependant, la Bible nous dit clairement :

Car tous ont péché, et sont privés de la gloire de Dieu, » (Romains 3 : 23, LSG).

Plus loin, l'apôtre Paul nous déclare :

« En effet, le salaire du péché, c'est la mort, mais le don gratuit de Dieu, c'est la vie éternelle en Jésus-Christ notre Seigneur, » (Romains 6 : 23, LSG).

« Maman, la punition que nous méritons pour nos péchés, c'est la mort. S'il s'agissait d'une mort physique, ce serait mieux comme ça, mais la conséquence de la rébellion de l'homme produit la mort éternelle. La raison pour laquelle les hommes sont perdus, c'est parce qu'ils éloignent de Dieu. L'être Suprême ne prend pas en compte leur perdition, car ils commettent à dessein des péchés abominables. Ils brandissent leur hostilité tout en se comportant en ennemis de Dieu, surtout en pensées. Tout cela arrive parce qu'ils se sont laissés contrôler par Satan, le diable. »

Puis Philippe ajouta : « J'ai remarqué, Mamie, que tu avais très bien commencé ta vie, mais cette façon de vivre ne suffit pas pour faire de toi un sujet du royaume de Dieu. Car la seule condition pour être un sujet du royaume de Dieu, c'est d'accepter Jésus-Christ comme ton Sauveur et ton Seigneur. Sinon, il n'y aura aucune différence entre toi et ceux qui offensent les autres, qui boivent de l'alcool, qui fument, qui pratiquent les œuvres de la chair. »

Maman, écoute ce que dit la Bible, la parole de Dieu :

« Si nous disons que nous n'avons pas de péché, nous nous séduisons nous-mêmes, et la vérité n'est point en nous, » (1 Jean 1 : 8, LSG).

« Non, il n'y a sur la terre point d'homme juste qui fasse le bien et qui ne pèche jamais, (Ecclésiaste 7 : 20, LSG).

« Si tu confesses publiquement de ta bouche que Jésus est le Seigneur, et tu crois dans ton cœur que Dieu l'a ressuscité, tu seras sauvé, » (Romains 10 : 9, LSG).

« Car c'est par la grâce que vous êtes sauvés par le moyen de la foi. Et cela ne vient pas de vous, c'est le don de Dieu. Ce n'est pas par les œuvres, afin que personne ne se glorifie, » (Éphésiens 2 : 8-9), lui rappela Philippe.

Au contraire Mamie, si à ton âge tu n'es pas comme les autres, c'est parce que Dieu a un plan de salut pour toi. La plus simple des choses, c'est d'accepter Jésus comme ton Sauveur et ton Seigneur, en faisant cette prière à n'importe quel moment de la durée ; mais fais-la avec un cœur sincère et repentant en disant :

« Mon Dieu, je sais que j'ai péché contre toi et que je mérite d'être punie. Mais ton fils unique, Jésus-Christ, a pris sur lui la punition que je méritais, afin que par ma foi en lui, je puisse être sauvée et pardonnée. A ton aide, O Dieu, Créateur de l'univers ! Je me détourne de la mauvaise voie, pour me tourner vers toi. Je te remercie pour ta grâce infinie et ton pardon, pour le don de la vie éternelle. »

Maman, fais à ce que tes yeux fixent sur Jésus, parce que le salut se trouve en lui seul.

La Bible nous dit : « Il n'y a pas, de salut en aucun autre ; car il n'y a sous le ciel aucun autre nom qui ait été donné parmi les hommes, par lequel nous devions être sauvés » (Actes 4 : 12, LSG).

Malgré cette bonne intervention de Philippe pour aider sa maman à recevoir Jésus, Madame Valancourt resta mains aux mâchoires comme une vieille femme perdue dans l'illusion.

Madame Valancourt commenta : « Tu connais beaucoup de versets ! »

Philippe lui dit : « Maman ! Ce n'est pas une question de connaître des versets par cœur, mais il est question d'application de versets dans notre vie. »

« Certains chrétiens s'amusent à étudier par cœur des versets bibliques sans les mettre en pratique, alors que Dieu veut que nous pratiquions sa parole dans notre vie. Oh, c'est très intéressant de parler avec des références bibliques, mais c'est aussi très gênant quand on ne les met pas en pratique. » Et je me réjouis de ce qu'il n'est jamais trop tard pour recevoir Christ chez toi ou réconcilier avec lui. Cependant, seule la réconciliation ne peut pas garantir le salut. L'élimination réelle de la barrière qui séparait Dieu de l'homme doit se mêler de la partie. Elle est à l'égard de l'homme, tandis que la rédemption à l'égard de Dieu. »

Maintenant, maman, tu as le filet entre tes mains, tu as la mer devant toi. A toi de décider

CHAPITRE 28

La Concrétisation de leur Rêve

Deux ans plus tard, pendant qu'ils mangeaient au restaurant « La Pause » à la rue Pavée, Philippe, fit une proposition de mariage à Martine.

Martine lui dit : « Philippe ! J'apprécie beaucoup ta proposition, mais nous devons être prêts. Nous aurions beaucoup de défis à relever. Nous allons prier Dieu là-dessus, et il nous donnera le moyen de sortir victorieux. L'union de l'homme et de la femme a été instituée par Dieu lui-même. En d'autres termes, c'est une connexion complètement soudée par le feu du Saint-Esprit. Ce feu doit être allumé tous les jours dans notre vie afin que nous soyons un modèle pour Dieu et pour tous les autres couples.

Philippe ! Je te remets cette clé, laquelle clé peut ouvrir toutes les portes qui seront fermées devant nous. Celle-ci, c'est la clé de notre réussite, de notre vision, de nos rêves, de nos objectifs, de notre réussite... Elle est appelée : « Communication ». Elle joue un rôle très important dans la vie d'un couple et dans toutes les organisations, qu'elles soient politiques, sociales, économiques et religieuses. Sans elle pour boussole, nous serons tous noyés et transportés par les vagues de la vie, car la vie est un océan agité, si notre vie ne se connecte pas à Dieu, nous allons tous faire naufrage.

Puis Martine ajouta : se marier n'est pas s'entortiller ! Se marier, c'est se connecter à quelqu'un, c'est-à-dire, il ne devrait y avoir aucune chose entre nous qui doit nous servir d'isolation, par exemple : l'orgueil, l'hypocrisie, l'égoïste, le doute, … Au contraire, nous devons bâtir notre amour sur la dictée du Saint-Esprit, car il est là pour nous instruire, nous convaincre et nous conduire dans toute vérité.

De plus, Philippe ! Pour que notre relation maintienne sa stabilité, Dieu doit placer au centre de notre vie conjugale. Dans la foulée, c'est lui qui établira l'équilibre entre toi et moi. Ainsi, ton problème reflète le mien, car nous sommes conduits et alimentés par le même esprit. Philippe, c'est une longue route que nous allons faire ensemble. Il nous faudra verser toutes nos gouttes de sueur pour aboutir à notre destination. N'oublie jamais que la communication constitue notre bâton de soutien capable de frayer le chemin de notre succès même au milieu des épines.

A leur retour du restaurant, ils marchèrent main dans la main. Martine s'arrêta auprès du petit jardin juste à côté du parc : Kensley F. René, Martine lui dit :

« Philippe ! Regarde cette petite fleur, elle est vraiment très belle, extrêmement fraiche et très attirante, hein ! C'est parce qu'elle reçoit de l'air, de la chaleur et de l'humidité. Autrement dit, toutes les conditions se réunissent pour qu'elle soit très bien alimentée, très bien nourrie pendant qu'elle grandit. C'est ainsi que j'aimerais que notre amour fleurisse sous les auspices du Père, du Fils et du Saint-Esprit. Ce mystérieux trio céleste constitue notre Guide infaillible, notre support, notre rempart, notre soutien, nos conseillers par excellence…

Après quelques minutes, Philippe dit à Martine : attends ! Attends ! Martine, il y a une idée qui me vient à l'esprit maintenant :

L'air, c'est le symbole du vent, et le vent est le symbole du Saint-Esprit.

La Chaleur, c'est le symbole du feu, et le feu est le symbole du Saint-Esprit.

L'humidité, c'est le symbole de l'eau, et l'eau est le symbole du Saint-Esprit.

Dans ce cas-là, laissons que le père, le fils et le Saint-Esprit arrosent notre amour ! En clair, c'est la présence de ces trois entités célestes qui doivent charpenter notre avenir jusqu'à la fin de nos jours. Je ne prie que pour cela.

Martine lui répondit : « Eh bien ! Faisons la route ensemble ! Ha ! Ha ! Ha ! »

CHAPITRE 29

Le Mariage de Philippe et Martine

Au cours du mois de décembre, le mariage de ces deux heureux cavaliers, Philippe et Martine, était déjà annoncé en l'église Eben-Ezer. Tous les membres de l'assemblée se mobilisèrent d'une façon très remarquable. Les réunions se multiplièrent en vue de la réalisation d'une cérémonie nuptiale triée sur le volet.

Une semaine après la publication du mariage, Martine fit venir Maggie chez elle. Ainsi, Madame Valancourt et Maggie accompagnèrent Martine pour l'achat de sa robe, et d'autres articles. Monsieur Valancourt, lui, se mit du côté de Philippe qui s'occupait de l'acquisition de son costume pour la circonstance... Tout fut mis en œuvre pour une cérémonie de mariage de qualité. Les demoiselles d'honneur portaient le rose, les garçons d'honneur le bleu.

Ce jour-là, Martine arriva dans une limousine de couleur noire, décorée en rose. Quinze minutes plus tard, Philippe arriva aussi à bord d'une limousine noire, décorée en bleu, suivie de celle des petites demoiselles d'honneur et des garçons d'honneur.

Juste pour créer une surprise érotique chez les futurs mariés, la limousine de Martine stationnait dans un minuscule parking à côté du parterre, situé à droite de la cour de l'église.

Les curieux de la zone se multiplièrent sur leurs balcons afin d'explorer ce grand évènement.

Lors de la cérémonie religieuse, Michel, le parrain de Martine, marcha avec elle dans l'allée centrale jusqu'à l'autel, tandis que Monsieur Valancourt marcha avec Philippe pour le placer à côté de la future mariée. A noter que durant leur marche nuptiale, des enfants lançaient des pétales roses et bleus.

Et ça y est ! La cérémonie prit ses droits. Et devant un auditoire extrêmement calme, Philippe répondait aux questions du célébrant principal, Pasteur Rony Etienne. Ce dernier lui demanda : « Veux-tu prendre cette femme pour épouse légitime, et vivre selon la loi de Dieu dans le saint état du mariage ? L'aimeras-tu, la consoleras-tu ? L'honoreras-tu dans la maladie, comme dans la santé, en renonçant à toute autre union ? Lui resteras-tu fidèle jusqu'à la mort ?

Tournant la tête, Philippe regarda l'assemblée, ensuite, il regarda Martine avec un grand sourire, il dit : « Oui, Pasteur, j'y consens. »

Toute l'assemblée, y compris Maggie, la maman de Martine, Monsieur et Madame Valancourt se mirent debout pour l'applaudir chaudement. Tandis que tante Béatrice resta immobile comme la statue de Madame Colo à Port-au-Prince.

Béatrice n'a jamais compris l'objectif de Martine, sa ténacité, et sa persévérance qui l'avaient condamnée à réussir contre toute espérance.

Tout de suite après la cérémonie, le couple se rendit à l'hôtel Le Plaza pour la réception traditionnelle. Pendant que tout le monde dégustait de bons mets délicieux, des groupes religieux jouaient de la musique sentimentale juste pour stimuler l'appétit des invités.

Un peu plus tard, le couple se dirigea vers Moulin-sur-Mer, à Montrouis au nord de la capitale, pour la lune de miel. Ils allaient y passer deux semaines.

CHAPITRE 30

Proposition de Martine à sa Mère

Quelques jours plus tard, Maggie alla visiter le couple à la Croix-des-Bouquet. C'était encore une autre célébration dans la maison !

Après tous les échanges de bisous, Martine proposa à sa mère de vivre avec elle. Cette dernière refusa catégoriquement.

Martine s'approcha plus près de Maggie et lui dit : « Maman, ma tendre mère, mon alter ego, ma collaboratrice, ma protectrice, ma conseillère, tu es une mère incomparable, compréhensive, tolérante, patiente, … Aujourd'hui, je ne trouve pas de mots, mon vocabulaire ne suffit pas pour te décrire et te faire savoir combien je t'aime.

Ce moment opportun qui m'est venu me permettrait de te voir constamment devant moi afin de te contempler et de te chérir. Le regret m'avait envahi le fait de rater ce merveilleux amour maternel. Je voudrais donc tirer profit de cette bonne occasion pour le récupérer. S'il te plaît mamie, accepte cette proposition, car j'ai un vide dans mon cœur. Seul ton amour ou ta présence peut le combler. Je me demande comment une mère peut-elle être séparée de son enfant ?

Maggie lui répondit : Martine, comprends ce que je te dis : la famille se compose : du père, de la mère et des enfants. D'ailleurs, rappelle-toi bien ceci, la Bible nous dit :

« L'homme quittera son père et sa mère, et s'attachera à sa femme, et ils deviendront une seule chair, (Genèse 2 : 24, LSG).

C'est pour ces raisons que je veux te laisser partir toute seule, ma fille. Ce n'est ni un abandon, ni un adieu.

Pendant que Martine et Maggie discutaient au salon, Philippe intervint dans la conversation, et déclara : « Ok Maggie, j'ai bel et bien compris ta position, elle est vraiment d'or. Mais tu peux vivre avec nous au moment opportun, nous te laisserons retourner à Corail. D'ailleurs, ce serait une très belle occasion pour nous de faire du va-et-vient là-bas. Qu'en penses-tu ? Hein !

Finalement, Maggie accepta d'y rester avec eux. Philippe et Martine se jetèrent dans ses bras comme deux petits enfants.

Le lendemain matin, Maggie se levait de très tôt pour le ménage de la maison, Martine lui dit : « Maman, nous avons payé deux personnes pour prendre soin de la maison ; ce n'est pas la peine de te réveiller si tôt comme ça. Tu dois prendre ta retraite, mamie !

O ma fille ! Si je restais couchée sans rien faire, je ne serais pas à l'aise. Pendant que tout monde bouge, moi-même, je ne peux pas me comporter comme une photocopie de femme. Oh non ! Ce n'est pas du tout l'attitude d'une femme qui a été élevée à la campagne, dit Maggie.

De toute façon, Mamie, ne te tourmente pas trop. Prends ton petit repos. Lui conseilla Martine.

Quelques minutes plus tard, Martine s'approcha de Maggie à nouveau et lui dit : « Dis donc mamie, pourquoi tu avais refusé de vivre avec nous ? »

Maggie n'avait rien répondu là-dessus.

Le surlendemain, pendant que Martine est dans sa chambre, elle regarda par les fenêtres de derrière, elle a vu Maggie s'occuper des fleurs dans le parterre. Tout de suite, elle s'habilla et alla la retrouver dehors.

Bonjour mamie ! Comment a été la nuit ?

Maggie lui répondit : « Je vais très bien grâce à Dieu, ma fille ! »

Je n'ai pas besoin de te poser la même question. Hm, tèt chaje, papa !

Puis, les deux éclatèrent de rire, au point que Philippe se réveilla en sursaut, et les regarda dehors.

Martine se rapprocha plus près de Maggie, et elle la reposa la même question, à savoir : dis donc Mamie, pourquoi tu avais refusé de rester avec nous ? Lui demanda Martine.

Ecoute, ma fille ! Les raisons sont multiples et embarrassantes, mais je ne peux pas te cacher la vérité. J'avais refusé ta proposition parce que je pense qu'il y a trop de belles-mères qui sont négligées par leurs beaux-fils ou belles-filles quand ils habitent sous le même toit. Ils les traitent comme des enfants qui ont toujours besoin de quelqu'un pour décider pour eux.

Ils trouvent que leurs décisions sont trop archaïques pour être acceptées pour vraies.

Je me rappelle qu'après le mariage de Boss Raymond avec Françoise, cette dernière fit venir sa maman pour cohabiter avec elle. A l'arrivée de sa maman dans la maison, Françoise lui a donné trop de responsabilité. Agée seulement de 58 ans, elle ressemblait pourtant à une vieille dame de 80 ans, tellement elle a travaillé dans la maison. C'est elle qui doit faire la lessive, la cuisine, et s'occuper des enfants aussi. De plus, Boss Raymond la traita comme une servante. Son physique ne correspondait pas aux activités qui lui ont été confiées.

Le cas de Micheline était un peu différent, lui dit Maggie. Mais une mère reste une mère. Avant le mariage de son fils, elle s'était complètement opposée à Dana qui allait devenir sa belle-fille. Quand Micheline arriva dans la maison du couple, elle vit dans la frayeur ; elle ne se sentait pas à l'aise. Elle avait toutes sortes de problèmes. Son fils ne pouvait pas la défendre aux différents mépris de son épouse. Il ne lui donnait pas la sécurité affective qu'elle devait avoir en tant que maman. C'était Dana qui avait seulement la voix au chapitre. Cette vie d'amertume qu'elle a expérimentée chez son fils, Marc et sa belle-fille, Dana, lui donna de l'anxiété, la dépression, le stress, etc. Si ce n'était pas la présence de Dieu dans sa vie, elle serait morte de chagrin.

Cependant, Martine, il faut aussi dire que certaines belles-mères se comportent comme la voyante de la famille de leurs filles ou de leurs fils. A titre d'exemple, Jocelyne, n'avait laissé aucun espace pour sa fille, Olivia, qui aurait voulu partager ses projets d'avenir avec son époux. Elle se mêlait dans toutes les discussions de la famille. Elle aggravait toujours la situation en donnant toujours tort à son beau-fils même lorsque c'était sa fille qui a eu tort. Ce qui était pire, elle pensait avoir la même autorité sur sa fille comme par le passé. Sa présence dans la maison perturbait complètement la relation conjugale entre Olivia et Nicolas. Et enfin, tout était incontrôlable.

Je ne peux non plus oublier le cas de Madame Roger. Arrivée chez sa fille, on lui a confié la tâche de cuisiner, faire la lessive, et repasser les habits de son beau-fils. Elle se réveillait très tôt le matin pour préparer un petit-déjeuner pour ce dernier. A midi, son diner était déjà prêt, et le soir, on lui servait son petit souper trié sur le volet. Tandis que sa fille, qui devait s'occuper de tout cela, était démissionnaire. Elle ne jouait pas le rôle d'une madame mariée responsable. C'était comme si elle n'était pas prête à gérer une famille. Elle accordait plus de temps à ses amis que de s'occuper de son mari. Elle se contentait seulement d'avoir le titre de madame Paul.

De plus, Martine ! C'était madame Roger qui connaissait les préférences de Paul en matière de vêtements, de nourriture, de loisirs, etc. Elle se souciait beaucoup plus du ventre de son beau-fils que Martha. A cet effet, c'était elle qui devait rappeler à Martha, le jour de l'anniversaire de Paul. Plus tard, une petite jalousie commençait à s'afficher. Martha voulait se débarrasser de sa mère, mais Paul s'imposait catégoriquement. Ce dernier a voulu que ce fût Martha qui quittât la maison.

Grâce à Madame Roger, avec ses conseils pratiques, le couple remédia à la situation après quelques réunions de prières qu'elle a organisées au sein de cette famille déconcentrée et déséquilibrée. Consciente de ce grave problème du couple, elle jouait le rôle de médiatrice entre Martha et Paul. Madame Roger était devenue la meilleure conseillère du couple. En un temps record, grâce à la présence de Dieu dans la famille, le couple s'est ressaisi. Par la suite, cette dame dosée de capacité est devenue le chouchou de la famille. Les choses allaient bon train au point qu'on a célébré sa présence dans la famille.

Tu vois, Martine, les causes étaient très profondes.

Martine lui répondit : « J'ai très bien compris, maman. Je pense que les couples doivent établir des règlements de famille pour pallier tous ces problèmes entre belle-mère et beaux-fils, entre belle-fille et belle-mère. »

Je pense aussi que les jeunes mariés doivent prendre leurs responsabilités pour de bon. Si vous n'êtes pas encore prêts à prendre soin de votre foyer, demandez de l'aide aux autres qui sont beaucoup plus matures que vous. Sinon, le manque à gagner que vous créez dans votre famille peut vous coûter très cher.

Peu après cette conversation, Martine demanda à sa maman d'aller prendre son déjeuner.

CHAPITRE 31

La Progéniture du Couple

Trois mois plus tard, pendant que Martine se préparait pour aller à l'église, Maggie s'approcha d'elle, et lui dit avec grand sourire aux lèvres : « Ecoute ma fille ! Sais-tu que tu es enceinte ? »

« Quoi maman ? Comment le sais-tu ? » Avec son visage rayonnant de joie.

Je vois ce signe apparaît sur ton visage, répondit-elle à sa fille.

Rapidement, Martine courut dans sa chambre, et jeta un coup d'œil dans un miroir, mais elle n'avait rien remarqué.

Elle retourna auprès de sa maman, et lui dit : « je n'ai rien vu maman sur mon visage. »

Yeah ! Tu es enceinte, et tu enfanteras une fille, ajouta Maggie.

Martine laissa Maggie debout, et alla appeler Philippe pour lui faire part de cette bonne nouvelle. Ce dernier, était très content en apprenant cette bonne nouvelle. Puis, il gonfla la gorge et dit : « magister dixit... Ce qu'a dit la maîtresse, c'est fini ! »

Moi-même aussi, j'avais vu un petit changement chez toi, même si ce n'était pas au niveau de ton visage, mais... hum !

Martine répondit : « Ah ! Tu n'avais rien remarqué ! Pourquoi tu ne me l'avais pas révélé auparavant ?

Philippe répondit : « Secret d'homme ! » Tous les trois éclataient de rire.

Soudain, Martine jeta un coup d'œil sur l'horloge, et réalisa qu'il était déjà l'heure de se rendre à l'église. Elle s'écria à haute voix : « Mes chers amis, nous sommes presque en retard pour l'église. Dépêchons-nous ! C'est un rendez-vous à ne pas rater. Nous continuerons la conversation après le renvoi. »

Durant le service, alors que tout le monde ferma les yeux pour prier, Martine caressait son ventre en disant : « Merci seigneur pour cette bénédiction ! »

A leur retour, Martine demanda à Maggie : « Maman, il parait que tu as raison, car je devais avoir mes règles depuis mardi dernier, mais aujourd'hui est dimanche, je n'ai aucun signe jusqu'à présent. »

« Hm ! Je te dis que tu es enceinte ! Pourquoi tu ne me crois pas ? Dès maintenant, tu dois être prudente dans tes activités, parce que les premiers mois sont très fragiles », lui conseilla Maggie.

Huit mois plus tard, Martine enfanta une fille à qui elle a donné le nom de Marline.

CHAPITRE 32

L'Achèvement du Rêve de Martine et de Philippe

La fin du cycle d'études de Martine et de Philippe étant approchée à grands pas, la faculté se préparait à organiser une grande cérémonie de collation de diplômes.

Ce jour-là, Monsieur et Madame Valancourt, Maggie, Martine et Philippe arrivèrent à l'heure. Martine et Philippe entrèrent dans la salle de l'habillage qui leur était réservée pour recevoir la toge et surtout les dernières instructions. Ils pouvaient y prendre aussi des clichés avec leurs camarades.

Il convient de signaler que Martine reçut un foulard jaune différent de celui de Philippe, car elle était l'une des lauréates de la promotion de génie civil. Ainsi, on lui confia la tâche de prononcer un discours en vue de représenter sa promotion.

Enfin, le moment de l'ouverture de la cérémonie et l'engagement des cortèges étant arrivés, le public acclama les récipiendaires pendant qu'ils défilaient dans l'allée principale pour prendre leurs places. Ce fut une atmosphère solennelle, de joie et de fierté, et surtout de nostalgique.

Martine, dans ses propos, prononça un discours qui fit vibrer la salle. Avec des larmes aux yeux, les invités dans les rangées de siège, les professeurs et les autres diplômés applaudissaient cette lauréate qui parlait d'un ton convaincant de l'éthique professionnelle du métier, de la conscience professionnelle et de l'amour passionné du travail.

Quand Martine fut appelée à venir réclamer son diplôme, elle invita sa maman sur la plateforme, et lui dit : « Tiens maman ! Aujourd'hui, c'est toi qui mérites la réception de ce diplôme d'honneur, parce que tu as beaucoup travaillé pour cela. Tu as consenti beaucoup de sacrifices. Pendant que j'étudiais à Port-au-Prince, toi, tu te mettais sur tes genoux à Corail, sur la Montagne-de-bois-Zombie, intercédant constamment devant Dieu en ma faveur. Encore une fois, mille mercis maman, tes prières n'étaient pas sans effet. »

Maggie exprima sa joie à travers ces propos : « Je te remercie ma fille, pour cet acte de reconnaissance. Le ciel a pris note de tout cela. Tu as fait la joie de mon cœur. La patience est amère, mais son fruit est doux. Maintenant, c'est un bâton que tu viens de recevoir. Mets-le au service de Dieu. Je rends grâce à Dieu pour ses multiples bienfaits envers nous. Que le nom de l'Eternel soit béni à perpétuité !

Je tiens aussi à te féliciter de m'avoir présentée devant cette immense foule. Encore une fois, tu as prouvé que ton amour pour moi est extraordinaire.

Ensuite, Maggie se jeta dans les bras de sa fille en caressant son dos. Elle lui disait : « Martine, aujourd'hui, c'est notre graduation ! Je suis extrêmement fière de toi pour tous ces accomplissements. Puis les deux pleurèrent. Entretemps, Philippe les rejoignit sur la plateforme pour partager cette immense joie avec elles. Cette action remarquable souleva les émotions de tous les gens dans la salle, particulièrement, les autres diplômés.

La cérémonie de collation de diplômes étant terminée, après le lancement des mortiers de tous les diplômés sur la scène, Monsieur et Madame Valancourt apportèrent des fleurs et des présents à Philippe et à Martine en signe d'appréciation et de satisfaction pour leur accomplissement.

Monsieur et madame Valancourt et Maggie avaient organisé une fête surprise pour les diplômés non loin de chez eux. Par conséquent, juste après la cérémonie, ils se dirigeaient tous vers ce lieu pour la grande célébration de fête de familles et d'amis, intitulée « Fête de Victoire ».

C'était vraiment un achèvement d'un long parcours, de dur labeur, de persévérance et de détermination, pour Martine et Philippe.

Presque tous les amis du jeune couple Valancourt, particulièrement, venaient de divers horizons pour commémorer leur victoire avec eux. Chaque invité a eu la chance d'échanger des petits mots d'encouragement aux diplômés et aussi à leurs parents pour leur investissement dans la vie de leurs enfants.

La nourriture, le choix des musiques et les jeux étaient triés sur le volet, car parents et amis, tous se mobilisaient pour que cette soirée soit extraordinaire et mémorable.

CHAPITRE 33

La Déception et la Confession Inattendue de Tante Béatrice

M artine, à cause de sa grossesse, ne pouvait pas rendre visite régulièrement à tante Béatrice comme auparavant.

Un jour, tante Béatrice attrapa un virus qui se manifestait sous la forme de grippe. Elle était très distraite, très agitée, et son visage était devenu pâle.

Durant la nuit, elle appela Stéphanie, sa fille, pour lui apporter un peu d'eau, car elle se sentit vraiment très faible, très déconcentrée et très déséquilibrée. Cette dernière lui répondit avec beaucoup d'énervement et de murmures : « Tu ne vois pas quelle heure il est maintenant ? Si tu continues à me déranger dans mon sommeil, je te laisserai toute seule dans la maison. J'irai habiter chez l'une de mes amies. »

Le lendemain matin, Béatrice demanda à Stéphanie de lui préparer de la soupe. Stéphanie répondit : « Je ne sais même pas comment allumer le four ».

Finalement, avec beaucoup d'incertitude, elle prépara la soupe. Béatrice ne pouvait pas la manger, car elle était salée comme de l'eau de mer, amère comme du fiel et froide comme les nez des chiens de Madame Riland.

Deux jours plus tard, Stéphanie était déjà à bout ; elle abandonna la maison parce qu'elle avait réalisé que sa maman la tourmentait trop. Elle décida de quitter la maison et d'aller habiter chez une amie à Turgeau sans même s'excuser auprès de sa maman.

De jour en jour, Béatrice devint de plus en plus grave. Un lundi matin, à compter de neuf heures, Monsieur Sainton, son voisin, l'emmena à l'Hôpital Général pour les soins nécessaires.

Trois jours se sont déjà écoulés, personne ne se présentait à l'hôpital pour exécuter les prescriptions. Il n'y a pas de cadeau à l'hôpital ! Les responsables la considéraient comme une indigente, une personne abandonnée, qui n'avait personne pour prendre soin d'elle.

Un mardi matin, Martine se leva de très tôt et alla chez tante Béatrice. Quand elle arriva, elle frappa à la porte, et dit : « Ma tante, c'est moi, Martine ! Tu peux ouvrir. » Elle passa plus de dix minutes à frapper à la porte ; pas de réponse. Alors, elle décida de vider les lieux.

Soudain, Monsieur Sainton lui fit savoir que Béatrice est hospitalisée. Ainsi, Martine appela tout de suite Philippe au téléphone pour le mettre au courant de cette nouvelle.

Philippe ! Viens immédiatement avec maman, car tante Béatrice est à l'Hôpital Général.

Quand ils y arrivèrent, ils aperçurent Béatrice allongée sur un lit dans un coin avec ses yeux fixés sur le plafond.

« Oh, ma sœur, depuis quand es-tu ici ? Qu'est-ce qui t'est arrivé ? Où est Stéphanie ? » Interrogea Maggie.

Stéphanie a laissé la maison depuis deux semaines. Je ne l'ai jamais vue depuis lors. Elle m'a abandonnée, ma sœur. Elle ne s'intéressait plus à moi depuis des mois. Ce sont surtout ces réactions qui me conduisent à la mort. Je ne m'attendais jamais à cela, Maggie. C'est mon unique fille, je ne vois pas comment elle a choisi de me laisser. Quelle déception !

Puis tante Béatrice ferma les yeux, en disant :

Mes chers amis,

Je me sens toute seule et délaissée.

Abandonnée sur un vieux lit, dans une chambre sombre et noire, comme le cimetière.

Personne ne comprend ma douleur et mes souffrances.

Je ne veux pas souffrir ni mourir, tandis que la mort me sourit.

Quand je ferme les yeux, elle s'avance beaucoup plus près de moi.

Lorsque je lui fais des grimaces avec mon visage ridé, elle me sourit.

Quand je tiens mon bâton pour me défendre, elle s'avance gentiment auprès de moi.

Je ne sais que faire, car je ne peux pas éviter de mourir. C'est pour cela que mes larmes débordent sur mes joues comme une rivière en crue qui ravage mon visage attristé.

Ma force et mes croyances ne suffisent pas pour supporter mes peines amères.

Où est passé le Dieu de Martine ?

Où est passé le Dieu de ma petite sœur, Maggie ?

Ne m'abandonne pas. Aie pitié de ta pauvre servante !

Mon cœur est bouleversé comme les vagues de la mer !

O Dieu ! Dieu de Martine, écoute le cri d'un cœur en détresse !

C'est toi qui détiens la clé de tous les problèmes du monde. Maintenant, la serrure de mon cœur est à ta disposition.

Toi seul es capable de m'aider dans mes afflictions !

Viens ! Viens ! Seigneur Jésus, à mon secours !

J'ai réalisé que toutes les choses du monde sont éphémères et relatives. Mais toi, O Dieu ! Ton pouvoir, ton autorité et ta parole restent et demeurent absolus.

Viens ! Change mon cœur et restes-y pour toujours !

Tu es l'unique personne qui peut me défendre en ce moment pénible, de troubles et de faiblesse !

Je veux me réfugier dans tes bras pour que je sois en paix, car ta paix dépasse de loin celle que donne le monde.

Je refuse d'être la proie de la mort, surtout, quand elle me couvre de son ombre effrayante.

Mon cœur refuse d'obéir à mes pensées. Philippe, Martine et Maggie, je n'ai pas assez d'énergie pour contrecarrer la mort.

Puis, Tante Béatrice cessa de lamenter.

Martine réagit : ma tante ! J'ai passé tout mon temps à t'écouter. J'ai pu remarquer que c'est seulement de la mort que tu as peur. Mais laisse-moi te dire, ma tante : avoir peur de la mort ne peut pas t'aider à échapper du jugement de Dieu. Au contraire, tu dois profiter de cette circonstance pour te repentir, en confessant tes péchés à Dieu, afin qu'il te reçoive dans sa demeure éternelle.

Ma tante, tout le monde doit passer par la mort, car cette étape est imminente et inévitable. Néanmoins, la seule façon de triompher de la mort, c'est de prendre Jésus comme ton sauveur personnel aujourd'hui même, pendant qu'il en est temps. Et selon sa promesse, tu vivras avec lui pour l'éternité.

Tante Béatrice, en ouvrant timidement les yeux, elle dit :

« Martine ! Maggie ! Mon cœur fredonne un nouveau chant ! Je le sens descendre jusqu'au fond de mon âme ! Je me sens transportée dans une autre atmosphère. En ce lieu, j'ai vu un personnage revêtu d'un vêtement blanc très éblouissant qui a rempli toute la surface de la chambre. »

Quand Béatrice a décrit le personnage qu'elle a vu, Martine s'approcha plus près d'elle, car elle avait aussi lié connaissance avec ce personnage dans un songe.

Ensuite, Béatrice ajouta :

Je me suis jetée dans ses bras sans avoir peur de tomber, sans aucun effroi et sans aucun doute ! Et il me touchait avec une parfaite affection.

Maggie ! J'ai manqué de mots, mon vocabulaire est épuisé et mes pensées sont dépourvues de réflexions pour décrire le personnage que j'ai vu.

Humblement prosternée devant sa royauté, je m'approchais doucement dans sa gloire !

Alors, mon cœur, mon corps et mon âme, tout mon être, s'est mis à le louer dans une atmosphère très sereine, très silencieuse et très calme.

Aujourd'hui, c'est l'heure de mon départ pour un voyage sans fin !

Jusqu'au moment de mon dernier soupir : avec assurance, confiance, conviction, ... Je dis de tout mon cœur repentant : Seigneur Jésus ! Me voici, je viens à toi. Reçois mon âme angoissée !

Présentement, Jésus, c'est toi qui es mon ami, mon espérance et mon salut.

J'ai dépensé tout mon avoir dans l'éducation de ma fille, Stéphanie. Je pensais que ma vieillesse et mes derniers jours reposaient sur elle, mais je réalise que j'avais commis une erreur grave.

Mon Dieu, je te demande pardon pour mes péchés, car j'ai fait pas mal de choses mauvaises à tes yeux.

Je reconnais avoir fait beaucoup de tort à ma nièce, Martine, dans son jeune âge.

Quand elle dit cela, Maggie regarda Martine fixement avec ses yeux émus, mais Martine dit à Maggie : « Mamie, ne la dérange pas, laisse-la finir son discours. C'est un très bon témoignage ! »

Puis, tante Béatrice ajouta : « Viens, Martine ! Viens auprès de ta tante chérie et laisse-moi t'embrasser en signe de pardon et de réconciliation. »

Ma nièce, ma chérie, mon cœur a changé totalement grâce à Dieu et à tes conseils salutaires. Je me réjouis aujourd'hui de ce que tu te trouves à mes côtés pour me consoler. J'étais aveugle, mais maintenant, je vois !

J'étais esclave, mais désormais, je suis libérée !

J'avais un cœur méchant, mais à présent, j'ai un cœur de chair !

J'étais dans les ténèbres, mais présentement, je suis dans la merveilleuse lumière !

Je ne pense pas qu'il soit trop tard pour recevoir Dieu dans mon cœur !

Martine, ma chérie, prie pour moi afin que Dieu puisse me recevoir chez lui.

« Car la prière fervente du juste a une grande efficacité. » Selon (Jacques 5 : 16, LSG).

Pardonne-moi, Martine, pour la façon dont je t'ai traitée. Regarde dans ce sac à main, tu trouveras une somme. C'est une partie du montant que ta maman avait l'habitude de t'envoyer, mais je l'avais gardée pour moi. Reçois cet argent comme une restitution ! Car je sais présentement qu'il n'y a pas de repentance et de conversion sans restitution.

Maggie, à qui Martine n'avait pas révélé combien elle était misérable avec sa tante, regarda sa fille avec stupéfaction pendant la confession de Béatrice.

Et Béatrice reprit :

Zachée a fait la restitution en donnant aux pauvres la moitié de ses biens, et il dit à Jésus : « Si j'ai fait tort de quelque chose à quelqu'un, je lui rends le quadruple. » C'est après avoir fait cette déclaration que Jésus lui dit :

« Le salut est entré dans cette maison, autrement dit, Jésus entre dans le cœur de ce dernier, car lui aussi est un fils d'Abraham. (Luc 19 : 1-10, LSG)

La femme samaritaine a aussi fait une restitution, en faisant partir son dernier concubin, après avoir accepté l'eau vive que Jésus lui avait offerte. (Jean 4 : 1-28, LSG)

Par analogie, le renoncement à l'orgueil, la jalousie, au mensonge, à la méchanceté, la calomnie, l'envie, etc. est considéré comme une restitution puisque tous ceux qui veulent suivre Jésus, doivent la remettre à Satan.

Martine, tous ces actes susmentionnés habitaient profondément dans mon cœur parce que j'avais négligé la parole de Dieu durant toute ma jeunesse. Lorsque j'étais plus jeune, j'avais affiché des comportements indésirables vis-à-vis de ceux qui me parlaient de la parole de Dieu. J'étais vraiment ignorante et négligente, car j'avais une Bible à la maison sous ma taie d'oreiller pour ma protection durant mon sommeil et une autre au seuil de la porte pour barrer la route à Satan. Désormais, je reconnais avoir fait mauvais usage de ce merveilleux livre, et pourtant, si j'avais seulement pris le soin de le lire, mon cœur aurait complètement changé.

Aujourd'hui, je reconnais que : « La Bible, n'est pas uniquement un livre qu'il faut apprendre par cœur, mais aussi un livre qu'il faut laisser franchir mon cœur. »

Après ce discours, Martine lui répondit : ma tante, laisse-moi te dire une chose très importante :

La Bible, le plus précieux livre du monde, n'est pas seulement un livre de formation et d'information, mais aussi un livre de transformation de cœur. C'était sous l'inspiration du Saint-Esprit que des hommes de Dieu ont pu arriver à écrire ce chef-d'œuvre de 66 livres. La propagation de cette bonne nouvelle du royaume des cieux nous est parvenue par la méthode de l'évangélisation à travers le monde.

La Bible est le livre des livres, contient toutes les solutions des problèmes que les hommes ont négligés. Sans l'utilisation de cette parole vivante, les nations en général tomberont dans l'affliction et dans la division. Le message qu'elle contient transcende toutes les conditions de la vie de l'homme ; car elle est la révélation de la parole de Dieu.

La Bible est une bibliothèque incomparable, une source inépuisable qui devrait être la base de construction de toute société. La présentation de cette parole inspirée dépasse l'imagination et la connaissance humaine. Ce n'est pas du tout un livre qu'il faut lire à la volée, mais plutôt un livre de profonde méditation. Et pour avoir une bonne compréhension de cette puissante parole, l'harmonisation avec Saint-Esprit s'avère nécessaire.

La Bible est le livre de la multi culturation. Elle est sans discrimination aucune. Elle a mis une connexion entre pauvres et riches, entre Blancs et Noirs, entre savants et illettrés, entre sages et ignorants, etc. Elle appelle tout le monde à la conversion et à la réconciliation avec le Créateur. Enfin, la Bible est un livre qu'il faut lire avec passion et admiration, car elle est l'âme du monde !

Puis, tante Béatrice, en soulevant la tête, disait : « Je te remercie ma nièce, pour toutes ces informations au sujet de ce grand livre de tous les temps.

« Maintenant, si je pouvais m'adresser à toutes les mamans, je leur dirais qu'il ne faut jamais sous-estimer l'avenir d'un enfant, parce que son avenir dépend de la bénédiction et de la promesse de Dieu. »

CHAPITRE 34

Le Moment de Regret de tante Béatrice

Après une année de souffrance et de tourment à l'hôpital, tante Béatrice fit appel à Maggie, à Martine et à Philippe pour leur communiquer ses derniers mots, car sa santé se détériorait.

Quand ils furent arrivés à l'hôpital, ils virent tante Béatrice en train de vomir. Maggie la nettoya complètement. Et après un moment de silence dans la chambre, tante Béatrice ouvrit les yeux et parla avec sa voix toute tremblante :

« Je regrette infiniment... »

Je regrette infiniment, lorsque mes mains étaient fortes, je n'applaudissais pas les œuvres de Dieu à travers la création.

Je regrette infiniment, lorsque ma vision étaient nettes, je ne lisais pas tous les livres de la Bible afin de mieux servir mon Rédempteur.

Je regrette infiniment, lorsque mes jambes étaient robustes, je n'escaladais pas les montagnes pour contempler l'ouvrage de mon Roi des rois.

Je regrette infiniment, lorsque ma voix était résonnante, je ne criais pas à gorge déployée : Gloire ! Alléluia au Seigneur !

Je regrette infiniment, lorsque mes oreilles étaient sensibles, je n'entendais pas les plus belles chansons inspirées de mon Consolateur.

Je regrette infiniment, lorsque j'étais en bonne santé, je ne marchais pas de maison en maison pour annoncer la Bonne Nouvelle du royaume de Dieu.

Je regrette infiniment de n'avoir pas mis en évidence l'amour de Dieu durant toute ma vie. Ainsi, j'aurais pu afficher un autre comportement vis-à-vis de Martine.

Je regrette infiniment... »

Martine lui répondit : « Ma tante ! J'ai très bien compris le remords qui prend la forme de ton cœur. Mais laisse-moi te dire que le remords peut produire : la conversion, la repentance, ... Alors, si tu ne te repens pas, il ne te servira à rien. Aujourd'hui même, avant qu'il soit trop tard, tu dois prendre une grande décision pour ta vie. Se cacher ne veut pas dire se repentir. A titre d'exemple, Caïn, après avoir tué son frère Abel, au lieu de se repentir de sa faute, il est allé se cacher ou s'éloigner de la zone. Sa conscience le jugeait au point de demander la mort. Il a tué son propre frère, certes, mais c'était avec Dieu qu'il avait affaire.

Ma tante, ce que Dieu veut de nous, c'est un cœur repentant.

Ainsi tante Béatrice leur demanda de prier pour elle en vue d'accepter Jésus comme son Sauveur personne.

Après la conversion spectaculaire de tante Béatrice, voulant brosser le tableau du passé, Martine, sa nièce, lui exprima sa gratitude en ces termes :

« Tante Béatrice ! Je te remercie infiniment pour tout ce que tu avais fait pour moi : Grâce à toi, je sais comment gérer une famille, comment cuisiner, comment prendre soin d'une maison. Et déjà, je commence à atteindre ma vision et mon objectif. La façon dont tu m'avais traitée chez toi me donne un sentiment de détermination pour aider les enfants de mon pays, ceux de Corail notamment. »

« Quand Dieu a mis une semence en quelqu'un, c'est pour sa réussite et son triomphe. Quand les jaloux la foulent aux pieds pour l'écraser, ce mal changera en bien, puisque la semence a besoin d'être enterrée pour pouvoir germer et porter de bons fruits. »

Ma tante, ma vision, c'est de construire un site sur la Montagne-de-Bois-Zombie, dans lequel il y aura : une école primaire, un dispensaire, un terrain de jeux, et j'ai encore d'autres plans de construction à Corail.

Ma tante, j'aimerais voir un jour les gens de la Vallée grimper le sommet de la Montagne-de-Bois-Zombie pour qu'ils viennent se soigner dans le dispensaire et en profiter de participer à la cantine avec nous.

J'aimerais aussi voir les enfants de la Vallée recevoir des cours de formation générale dans nos écoles. Je rêve qu'il y ait une parfaite unité entre les gens de Vallée et ceux de la Montagne-de-Bois-Zombie.

Ma tante, l'argent est très important, mais il y a certaines choses que l'argent ne peut pas acheter, par exemple : Avec de l'argent, vous pouvez acheter de la nourriture, mais pas l'appétit ; des médicaments, mais pas la santé ; des lits orthopédiques, mais pas le sommeil ; de la connaissance, mais pas la sagesse ; des servantes, mais pas la fidélité, etc. J'ai été ta servante ou ta petite « rèstavèk », mais maintenant, je suis la servante de Dieu ! Cette expérience m'a permis de grandir mentalement et à tous les niveaux de ma vie.

Ma tante, sur la Montagne-de-Bois-Zombie, était née une étoile brillante, … qui éclaire toute la Vallée sans aucune distinction.

Du reste, ma tante, la Bible nous dit : « Tout ce que vous faites, faites-le de bon cœur, comme pour le Seigneur, et non pour des hommes. » (Colossiens 3 : 23, LSG)

Quelque temps plus tard, tante Béatrice décéda.

Martine, Philippe et Maggie s'occupèrent de ses funérailles. Paix à son âme !

CHAPITRE 35

Les Epreuves de Martine et
Le Découragement de Philippe

Quelques années plus tard, Martine était atteinte d'une maladie chronique dont l'origine se révéla inconnue. Elle allait consulter quasiment tous les meilleurs médecins de Port-au-Prince. Mais de jour en jour, son état de santé empirait. Elle était très souffrante qu'elle ne pouvait se tenir debout sans l'aide de quelqu'un. Elle a fait tous les examens médicaux possibles, mais les médecins n'arrivaient jamais à identifier le problème. En dépit de tout, Martine ne cessait de prier, car elle sait que Dieu se soucie d'elle. Malgré la rigueur des épreuves, elle ne perdait pas courage. Son sourire charmant captivait tous les visiteurs, ses mots consolaient et réconfortaient la majorité de ses amis.

Chaque matin, Martine se réveillait et se disait : « Je sais que Dieu veut m'enseigner une chose à travers ces épreuves. C'est pour cela que j'attends patiemment le jour de ma délivrance pour témoigner à tous la gloire à Dieu. »

Un samedi matin, Philippe tendrement s'approchait de Martine ; après l'avoir embrassée, il lui dit :

« Martine, ma chérie, tu m'avais dit que Dieu a un plan pour toi, celui de développer la Montagne-de-Bois-Zombie,

mais maintenant, tu es malade. Le docteur m'a dit que tu es
atteinte d'une maladie incurable. Dans ce cas, il n'y a plus d'espoir… C'est fini !

Adieu Montagne ! Adieu Campagne ! Adieu Vallée ! Adieu
développement ! Adieu la vie ! »

Martine lui répondit en esquissant son plus grand sourire : comme ça, tu as perdu la foi, Philippe ! Viens, ap-
proche-toi plus de moi, encore plus près de moi, mon chéri !
Regarde-moi dans les yeux :

« Le malheur atteint souvent le juste, mais l'Eternel l'en
délivre toujours. » (Ps. 34 :19, LSG)

Ne sais-tu pas que rien n'est impossible à Dieu, Philippe ?
De plus, ça pourrait être une partie du plan de Dieu dans ma
vie, hein !

Puis, elle ajouta : Parfois, le chrétien pense qu'il est
exempt de la maladie, de la tristesse, de la misère, de la souffrance de toutes sortes, de la pauvreté ou même de la mort. Il
a oublié complètement que Dieu est souverain ; il est au-dessus de tout, il peut faire ce qu'il veut. Aussi, il peut utiliser
n'importe quel moyen pour manifester sa gloire, car il est
notre Conducteur, notre infaillible Guide… Nous sommes
des outils ou des instruments dans les mains de Dieu. Par
conséquent, en tant que tels, nous devons agir selon la volonté du Maître.

Pour moi, Dieu a permis que je sois malade pour une raison
bien déterminée. Donc le feu de mon assurance reste allumé, car

plus tard, je saurai pourquoi. D'ailleurs, la Bible me fait comprendre :

« Toutes choses concourent au bien de ceux qui aiment Dieu, de ceux qui sont appelés selon son dessein. » (Romains 8 : 28, LSG)

Philippe ! Ressaisis-toi, ne perds pas la foi. Au contraire, demande à Dieu de t'augmenter la foi afin que tu comprennes sa volonté dans ma vie et dans la tienne aussi. Ce n'est pas sans raison qu'il a défini pour nous la foi dans sa communication écrite (la Bible).

« Car la foi est une ferme assurance des choses qu'on espère, une démonstration de celles qu'on ne voit pas », lui rappela Martine. (Hébreux 11 : 1, LSG).

De ma foi authentique, je vois que la Montagne-de-bois-Zombie va devenir une zone verdoyante, un lieu historique, très achalandé par les gens du pays, et même d'ailleurs.

Je suis vraiment très optimiste que Dieu a un plan de guérison pour moi. C'est pourquoi je suis restée toujours joyeuse dans ma souffrance. Dans ce contexte, la Bible a dit :

« Un cœur joyeux est un bon remède, mais un esprit abattu dessèche les os. » (Proverbes 17 : 22, LSG).

Comprends bien, Philippe, Job a beaucoup souffert à un moment de sa vie, mais il n'était ni meurtrier, ni malfaiteur, ni tueur, ni voleur. De plus, il ne se mêlait pas dans les affaires d'autrui. Même Dieu a rendu témoignage de lui comme étant un serviteur intègre.

Cependant, Dieu, dans une conversation avec Satan, lui demanda : « As-tu remarqué Job, mon serviteur ? Il n'y a personne comme lui sur la terre, car c'est un homme intègre et droit qui craint Dieu et s'écarte du mal » (Job 1 : 8, LSG).

Et Job a beaucoup enduré dans sa vie, non parce qu'il s'attachait à une conduite perverse, mais tout simplement, à cause de sa droiture. Ainsi, Philippe, je te dis tout cela juste pour te faire savoir que c'est Dieu qui a attiré le regard de Satan sur Job pour une raison bien déterminée. Il y a toujours un faible reste sur qui Dieu peut compter.

Maintenant Philippe, je ne suis pas en mesure de savoir pourquoi je suis malade, mais un jour comme aujourd'hui, je témoignerai devant tout le monde les bienfaits de Dieu envers moi.

Philippe ! N'aie pas peur pour moi. Mets ta confiance en Dieu comme moi-même, je mets la mienne en lui.

Dieu n'est pas un Dieu de mensonge ; ses promesses sont sûres et véritables. Je ne pourrai pas mourir sans accomplir cette promesse, laquelle est :

« Par moi, la Montagne-de-Bois-Zombie sera développée ».

J'ai très bien compris le temps de la promesse de Dieu et l'accomplissement de sa promesse.

D'ailleurs, si mon corps devait servir comme engrais pour le développement de la zone, je ne regretterais rien. C'est la présence de Jésus dans ma vie qui importe pour moi, lui qui me rassure dans sa parole qu'il sera tous les jours avec moi jusqu'à la fin du monde. C'est ça mon espérance, et cela doit-être aussi l'espérance de tous les chrétiens. En ce sens, Philippe, quoi qu'il advienne, je demeurerai tranquille dans les mains de mon Dieu avec une très ferme disposition de cœur.

CHAPITRE 36

La Guérison De Martine

Durant toutes les épreuves de Martine, elle n'avait jamais posé la question à Dieu : pourquoi, c'est moi, Seigneur ? Or, garder la foi à travers les épreuves n'est pas une entreprise facile. Mais quand on croit à la providence de Dieu et à la souveraineté de Dieu, on aboutira patiemment et sûrement à la victoire.

Parfois, Martine ressentait que son âme a quitté son corps. Lequel corps lui donnait la sensation d'un ballon qui a perdu de l'air. Ainsi, l'absence de la guérison a ouvert des brèches à l'ombre de la mort qui a profité de lui rendre visite avec son cortège de désespoir, de peur, de doute, de découragement, de confusion, d'incertitude et de mille choses de la même espèce. Objectif de ce tourment consiste à la transporter dans une autre atmosphère loin de la présence de Dieu.

Pourquoi la mort se cachait-elle sa face, et projetait-elle son ombre sur Martine ? Dans cet état de fait, il parait que l'ombre de la mort est plus menaçante que la mort elle-même, car elle attaque nos pensées, notre foi, notre bien-être, … Elle sait que personne ne peut la contourner, puisqu'elle a la possibilité de prendre plusieurs formes.

Cependant, quand quelqu'un est connecté à Dieu, des milliers et des milliers d'anges se regroupent autour de lui pour le protéger contre toutes les attaques du diable. On peut être toujours attaqué par ce dernier, car Dieu ne l'a pas encore anéanti. Il l'a seulement vaincu.

A chaque fois qu'elle se sentait très faible, elle priait davantage son Dieu, le vrai Dieu dont l'ombre était venue comme un coup d'éclair dans la vie de sa servante pour vaincre l'ombre de la mort, en détruisant le doute et la peur qui représentent les deux principaux ennemis de toute personne durant son temps d'épreuves.

Martine ne se laissait pas emporter par le doute que voulait installer dans son cœur par certains amis non chrétiens qui la faisait croire que sa maladie n'était pas saine et naturelle.

Il faut faire attention, dans les épreuves, les tentations viennent de toute part, parfois, même de ceux qui se disent chrétiens.

Au lieu d'obéir aux mauvais conseils de ses amis non convertis, Martine tirait profit de leurs visites pour leur parler de Jésus, et de la véracité de sa parole de Dieu. La constante de Martine fut payante, car certains d'entre eux, voyant sa foi, sa persévérance et sa conviction de servir Dieu, acceptèrent Jésus comme leur sauveur personnel.

Martine ne se considérait jamais comme une victime. Au contraire, elle faisait croire à tous qu'elle était à l'école du maître. Dans cette école, personne ne pouvait changer de classe sans passer par les épreuves ou par des examens de la vie.

En ce sens, l'attitude d'un croyant dans ses épreuves compte beaucoup pour Dieu. Elle doit être semblable à celle de notre Sauveur et Seigneur Jésus-Christ.

Martine ne se décourageait pas. Elle le prouvait par la façon dont elle déployait un double effort à persévérer dans la foi. Elle était vraiment humble et remplie d'espérance. Elle révélait toujours à ces visiteurs que Dieu est au milieu de ses épreuves, ils ne devaient pas s'inquiéter pour elle. Au contraire, elle les invita à partager la même foi qu'elle, en leur faisant savoir que la bonté de Dieu ne disparait pas, même si les épreuves sont de mise. Derrière les épreuves se cache la bénédiction de Dieu. Par conséquent, Martine savait très bien que le seul moyen de survoler les épreuves de la vie était de mettre sa confiance en Dieu.

Chaque matin, Martine se levait tôt et méditait sur ce passage biblique dans Esaïe 41 : 10, LSG :

« Ne crains rien, car je suis avec toi ; ne promène pas des regards inquiets, car je suis ton Dieu ; Je te fortifie, je viens à ton secours, je te soutiens de ma droite triomphante. »

D'après Martine, sa confiance en Dieu était plus grande que ses épreuves, parce qu'elle survolait tous les durs moments de sa vie. Evidemment, son corps était abattu ou déprimé, mais son cœur restait connecté à Dieu. Elle révélait toujours à ses amis que le Dieu qu'elle servait ne se trouvait pas ailleurs, mais il vivait dans son cœur. Ses expériences face à l'ombre de la mort ou l'ombre des ténèbres contribuaient à sa maturité et à sa croissance spirituelle en Jésus.

Après une journée de prière organisée chez elle par le groupe « Combattants pour Christ » dans la journée d'un 15 octobre, Martine criait à haute voix : « Vive Jésus ! vive Jésus !

Maggie et Philippe s'approchaient rapidement auprès d'elle. Et tout à coup, elle s'écriait : « Mamie, Mamie, je ressens une chaleur qui se dégage ; elle me saisit de la tête jusqu'aux pieds. »

Tout de suite, Maggie plaçait une compresse froide sur son front. Sur le champ, Martine a dit : « Ne t'en fais, maman. C'est Dieu qui est venu me guérir, l'homme qui portait la robe blanche, avec qui j'avais déjà fait des expériences. Il m'avait promis qu'il ne m'abandonnerait jamais. »

Alléluia ! Alléluia ! Je le crois ! Je le crois ! Merci Seigneur ! Merci Seigneur ! Tu es réel dans notre vie, disait Martine.

Depuis lors, Martine ressemblait à une personne qui n'était plus malade. Son visage se transforma complétement et ses membres devinrent physiquement plus forts. Tout le monde de la salle fut dans l'étonnement de constater ce merveilleux miracle.

De jour en jour, Martine devenait plus vigoureuse physiquement et mentalement. En conséquence, elle n'avait plus besoin de personne pour la placer sur une chaise le matin à son réveil. Le soir, elle pouvait se placer toute seule dans son lit.

L'infirmière qui soignait Martine, alla raconter à l'hôpital ce qu'elle avait vu ce jour-là. Tout le monde était tombé dans l'étonnement.

Après trois mois d'observation médicale, les docteurs de Martine ont fait tous les examens médicaux possibles. Ils ont révélé par la suite que Martine était en pleine forme. Par ailleurs, l'une de ses infirmières, émerveillée par ce qu'elle venait de constater, a accepté Jésus comme son sauveur personnel. Du même coup, deux autres ont fait promesse de conversion.

Maintenant, plus d'obscurité sur le chemin de Martine, car Dieu par sa puissance absolue a chassé l'ombre de la mort et a fait jaillir la lumière dans le cœur de sa servante.

CHAPITRE 37

La grande Aventure de
Martine et de Philippe

C inq ans plus tard, Martine et Philippe retournèrent à Corail.
A leur arrivée là-bas, tous les membres de l'église de
Dieu de Sion, où persévérait Maggie, organisèrent un grand
service d'action de grâces en plein air dans le but de remercier
Dieu pour cette école appelée : "Ecole Primaire La Semence".

Les habitants de la zone ne restèrent pas bras croisés : ils
manifestèrent leur contentement, nettoyèrent complètement
la zone, et la décorèrent avec des branches de flamboyant, de
lauriers, des feuilles de souci, de jasmins de nuit et du jour, des
feuilles de palmier, etc.

En ce jour-là, il n'y avait pas de question de religions, de
groupements politiques, de classes ou de castes sociales, car le
vent du changement soufflait sur le visage de chaque habitant.
C'était un moment de réjouissance, de témoignages, de folk-
lore, de danses, de réconciliation, de joie, d'harmonisation, etc.

En cette ultime cérémonie, Frère Josué, le prédicateur
du jour, titra ainsi son message : « Les bienfaits de Dieu, une
grande source de bénédictions ». Au cours de ce service d'action
de grâces, Martine fit cette prière qui captiva tout le monde :

« O Dieu suprême ! Toi qui as créé la Montagne-de-Bois-Zombie, que ton nom soit élevé au-dessus de cette montagne jusqu'au fond de la vallée en parcourant tous les sentiers de la zone.

Que toutes les branches et les feuilles des arbres dansent et tremblent devant toi !

Que tous les vents qui soufflent des quatre coins de la zone descendent de la Montagne–de-Bois-Zombie et rafraichissent tous les habitants de la Vallée.

Seigneur ! Donne à ton peuple de l'intelligence, afin qu'il réalise que les montagnes sont très importantes ; tu les as créés pour ta gloire, et les as placées pour protéger les vallées contre des vents violents et d'autres intempéries. Les habitants de la Vallée ne doivent pas se moquer des montagnards. Au contraire, il les importe de s'unir pour contempler tes œuvres merveilleuses, O Dieu !

Seigneur Jésus ! Nous te remercions pour l'électricité que nous n'avons pas, mais tu as placé les étoiles et la lune pour nous éclairer durant la nuit et le soleil durant le jour.

Nous n'avons pas d'eau potable, mais tu nous donnes des cruches et « des canaris », non seulement pour conserver de l'eau, mais aussi pour la rendre potable. Nous n'avons pas de congélateur pour conserver de la viande, mais tu nous donnes du sel. Tu as pris grand soin de nous, Seigneur !

Ne permets, O Dieu, que le cœur des habitants de la Montagne-de-Bois-Zombie ne soit pas opaque, ou imperméable, mais qu'il absorbe de préférence ta parole qui est une lumière sensible et translucide. Aide-les à reconnaitre que ta parole restaure et transforme les cœurs insensibles.

Crée en nous une parfaite unité, afin qu'il n'existe aucune division entre nous ; car l'unité est la source de victoire et de réussite de tout peuple. C'est l'un de grands manques à gagner.

Merci de m'avoir utilisé pour apporter de la joie dans le cœur des habitants de Corail, particulièrement, ceux de la Montagne-de-Bois-Zombie.

Permets, O Dieu ! Que tous les habitants de Corail, en commençant sur la Montagne-de-Bois-Zombie jusqu'à la Vallée, soient capables de lire, d'étudier, de mémoriser, d'écouter, méditer, partager ta parole, afin qu'il y ait un autre air sur leur visage.

Je suis très fière de retourner à Corail sous ta dictée pour poser la première pierre de tes œuvres.

J'ai été obéissante à ton plan, c'est l'une des raisons pour lesquelles tous les habitants de la région de Corail bénéficient maintenant de cette œuvre.

D'un seul cœur et d'un seul esprit, O Dieu, nous bénissons ton nom à perpétuité !

CHAPITRE 38

Visite de Monsieur et Madame Valancourt à Corail

Trois semaines avant la fête de Noël, Monsieur et Madame Valancourt avaient profité de leur congé annuel pour rendre visite à Philippe et sa femme à Corail. Lorsqu'ils arrivèrent dans la zone, Martine fit appel à tous les gens du voisinage pour venir lier connaissance avec ses beaux-parents.

En un clin d'œil, les habitants apportèrent aux visiteurs : de l'eau de coco, de la canne-à-sucre, du « bobori », des œufs, du pain et deux chapeaux en paille pour les protéger contre la poussière et les rayons de soleil.

Deux heures plus tard, Monsieur et Madame Valancourt étaient déjà en route pour la visite à l'école primaire « La Semence » située à cinq kilomètres environ de chez Martine et Philippe.

La journée était très calme et très sereine. Les oiseaux, particulièrement, les hirondelles, faisaient des va-et-vient dans le ciel comme s'ils saluaient les visiteurs. Par conséquent, juste avant leur déplacement, Madame Valancourt avait réellement profité de cette belle atmosphère pour faire quelques photos de souvenir.

Peu de temps après, madame Valancourt dit à son mari :
« Arrête ! Arrête la voiture, Val ! ».

Elle vit un enfant qui portait une calebasse d'eau sur sa tête
et qui marchait à grands pas sans la tenir.

« Wow ! C'est génial ! » Exclama Madame Valancourt.

Puis, elle ajouta : « Regarde la verdure, la beauté de la
zone, c'est vraiment impressionnant, Val ! Je ne comprends
pas pourquoi les campagnards quittent la région pour aller
vivre dans la misère à Port-au-Prince. Ils sont très généreux,
très hospitaliers, toujours prêts à aider les autres sans rien
attendre en retour.

A leur arrivée à l'école primaire, tous les élèves s'arrangèrent
à la file indienne pour saluer les visiteurs. Ils entonnèrent cette
chanson : « Bienvenue, nous sommes heureux de vous voir
parmi nous ! »

Quelques heures après, juste avant de manger avec les
élèves dans le cadre du programme de cantine, ils leur prodi-
guèrent des conseils pratiques au sujet de l'hygiène alimentaire.
Ensuite, ils ont félicité Philippe et Martine pour leur courage,
leur engagement, leur dévouement et leur vision de développement pour la zone. Monsieur Valancourt, particulièrement,
a fait un don de cent mille gourdes aux élèves, et a parrainé
cinq enfants les plus défavorisés. Ils étaient très fiers de voir
l'accomplissement de leurs fils et belle-fille.

A six heures du soir, Monsieur et Madame Valancourt ont
quitté Corail pour se rendre chez eux.

En route, Monsieur Valancourt racontait toutes ses impressions à sa femme au sujet de cette inoubliable journée.

Ecoute Marietta : « J'ai maintenant une autre compréhension de la façon de vivre les campagnards.»

« Je sais Val. Leur attitude t'a séduit, hein ! Les habitants de corail ont fait un lavage de cerveau pour toi. Je savais que tu allais leur manquer.»

Puis Madame Valancourt renchérit : « Tu vois ! Combien il vaut toujours la peine de voyager ! Cela te permettra de comparer ta vie à celle des autres. Quand tu penses que tu sais tout, tu rencontreras toujours une personne qui sait beaucoup mieux que toi. »

Franchement, Marietta, j'ai beaucoup appris de ces habitants, lui dit Monsieur Valancourt.

Monsieur Valancourt continua : « Tu sais très bien que j'ai voyagé au moins trois fois par an pour mon travail dans les milieux ruraux. Mais je n'ai jamais vu des habitants aussi dociles, plaisants, courtois, courageux, talentueux et généreux, comme ceux de la Montagne-de-Bois-Zombie… Oh ! Je ne trouve pas assez de mots pour les décrire, Marietta. » Leur accueil chaleureux m'a vivement touché.

Il dit encore : « Ces habitants-là sont de vrais compositeurs de musique ; un seul coup d'œil leur suffit pour trouver de mots et de mélodie pour composer une chanson. C'est vraiment extraordinaire ! De toute façon, Marietta, Philippe s'est retrouvé dans son assiette. Il a toujours été un philanthrope. »

Madame Valancourt lui répondit : « Je le pense, Val. »
Maintenant, je comprends pourquoi les habitants de la Vallée
pensent être supérieurs à ceux de la Montagne-de-Bois-Zombie. C'est parce qu'ils les jugent selon le ton de leur langage en
négligeant le fond de leurs pensées.

« Le raisonnement d'un peuple dépend de sa culture, de ses
croyances, de son environnement, de ses traditions, de sa foi... »

De retour chez lui, Monsieur Valancourt contacta tous ses
amis qui travaillaient au sein du gouvernement et d'autres vi-
vants à l'étranger pour recueillir des fonds adéquats pour aider
Martine et Philippe à lancer le projet.

CHAPITRE 39

Conception du Développement de la Montagne-de-Bois-Zombie

Quelques mois après leur arrivée dans la Montagne-de-Bois-Zombie, Martine et Philippe mobilisaient tous les habitants et même ceux de la Vallée en organisant une grande réunion extraordinaire dans la cour de l'Eglise de Dieu Sion, dans la journée du 11 juin.

Au cours de cette rencontre, ils partagèrent leur objectif et leur vision, c'est à dire d'agrandir l'édifice de l'école primaire, construire un dispensaire, mettre en place une coopérative et un centre commercial de denrées agricoles. Cette démarche vise le développement économique, social, spirituel et politique de la zone.

Ainsi, au milieu des discussions, un comité est formé d'un secrétaire, d'un trésorier, de cinq délégués, de trois conseillers spéciaux, et d'un gestionnaire.

Six mois plus tard, le comité a organisé sa propre réunion, mais toujours au même local. A travers l'un de ses points forts, il a réclamé la participation active de tous les habitants. Le message a bien fait son chemin, car le nombre de participants s'accroit très rapidement.

Il faut retenir que cette réunion a été plus grandiose que la première. Entre autres, le comité distribuait des affiches, des slogans, des chapeaux… « Piti, Piti, Fè Chay » a été le refrain qui sortait de la bouche de tous les habitants.

En un clin d'œil, le visage de la zone a complètement changé. En témoignant les messages écrits affichés dans les quatre coins de la zone. Ainsi, les habitants de leur côté, chantaient à haute voix une chanson qu'ils ont eux-mêmes composée. Ladite chanson s'intitule : "Piti, Piti, Fè Chay". Ainsi, ces talentueux habitants ont propagé partout la nouvelle du grand projet dont ils seront les bénéficiaires.

Cette motivation de regroupement ou de rassemblement a suscité un amour de travail et de fraternité chez tous les individus de la zone. En ce sens, un autre air se dégageait sur la montagne.

Du haut de son utilité, ce projet a émerveillé les habitants, respirant l'odeur d'un changement réel. Dans le même contexte, Martine et Philippe réclamaient deux choses des Montagnards : leur participation active et leur patience. Ces deux époux progressistes ont contacté leurs amis, leurs collègues, et toute personne voulant les aider bénévolement.

Au bout de neuf mois, le comité accueillit des agents agricoles, des agronomes, des ingénieurs agro-industriels venus pour évaluer la zone dans le but de promouvoir de meilleures productions de denrées agricoles et faciliter l'irrigation pour l'arrosage des plantations.

Après les évaluations, l'étude de recherche a révélé que la Montagne-de-Bois-Zombie pouvait générer les productions qui suivent : café, cacao, sans compter des vivres alimentaires, notamment, patate, manioc, igname et autres.

Les techniciens agricoles utilisaient la « Rivière Dòz » comme l'unique source d'irrigation pour arroser les plantations. En compensation, ils ont construit des canaux d'irrigation afin de conduire l'eau à des endroits bien précis au bénéfice d'autres services.

De leur côté, les agents agricoles organisaient des séminaires ou des ateliers de travail pour les habitants dans le but de les doser de connaissances suffisantes sur les outils et les équipements nécessaires pour cultiver la terre avec plus d'efficacité.

En tant que leaders responsables et avisés, Martine et Philippe ont mis sur pied une grande coopérative et une caisse de secours. Ainsi, les habitants pouvaient non seulement acheter des engrais, des semences et des matériels ou des outils de travail, mais également emprunter de l'argent à un taux très faible pour subvenir à leurs besoins en matière de produits agricoles.

Après les récoltes des denrées agricoles, le comité les achetait entre les mains des habitants et les exportait vers les pays étrangers, principalement, les Etats-Unis d'Amérique, le Porto Rico, et les autres pays des caraïbes.

Avec les profits annuels collectés au bout de cinq ans, le comité a construit une autre école primaire, une école professionnelle, un centre de santé et une petite station de radio diffusion sur le toit du bâtiment. L'acquisition de ce terrain est un cadeau de boss Rémy.

Grâce à ce centre de santé appelé « La Semence », le taux de mortalité des habitants, des enfants en particulier, s'est réduit considérablement. A travers les émissions de la ''Radio Semence'', les habitants savaient mieux comment entretenir leur santé. Les maladies comme la diarrhée, la coqueluche, la diphtérie, le paludisme étaient en perte de vitesse. Aussi, les femmes enceintes n'avaient rien à craindre pour leur accouchement.

Le taux d'alphabétisation a baissé énormément, car même les gens les plus âgés allaient à l'école dans la vacation du soir. Ce qui a permis aux habitants d'apprendre à lire et à écrire en un temps record.

Parallèlement, un soleil nouveau brillait à l'horizon de la Montagne-de-Bois-Zombie. En d'autres termes, un autre air s'affichait sur le visage des habitants : un air d'espoir, de patience, de paix et de tranquillité d'esprit. L'éducation et l'instruction sont les clés du développement d'un pays.

Grâce à ce développement, l'Evangile se propageait mieux dans la zone. Les habitants n'ont pas hésité à recevoir des brochures au cours des tournées missionnaires ou d'évangélisations. Ils pouvaient déchiffrer eux-mêmes le message qu'elles contiennent. Les habitants sont devenus plus optimistes et plus matures socialement, économiquement et spirituellement. Quant à la sécurité alimentaire, la zone est devenue la championne de toute la région.

CHAPITRE 40

La Valeur de la Semence
Dans la Vie d'un Chrétien

L a semence peut avoir différentes significations selon le contexte dans lequel il est considéré.

En agriculture, une semence est une graine très bien préparée par l'agriculteur ou le semeur pour être semée. Cette substance est triée sur le volet, en d'autres termes, elle est mis à part pour l'ensemencement. L'espace qui va recevoir la semence doit être aussi très bien préparé, car la semence peut être de bonne qualité, mais elle ne produit rien. Dans ce cas, on peut dire qu'il y a une sorte d'incompatibilité entre la semence et le sol.

Sommes-nous tous d'accord que le vrai jardinier sait dans quelles saisons il doit semer afin d'avoir de très bonnes récoltes, car la reproduction est un processus

Au point de vue biologique, la semence est le sperme du mâle chez les animaux pour la reproduction de ses semblables. Dans certains pays, après la naissance d'un enfant, les gens organisent une grande fête pour célébrer la venue au monde de ce dernier. Cette fête est souvent appelée : « Fête de la semence ».

Au point de vue spirituel, quand on parle de semence, on voit la parole de Dieu. Dans Luc 18 :11, Jésus parlait à ses disciples en parabole, mais ils ne comprenaient pas. Il leur dit : la semence, c'est la parole de Dieu. Ainsi, notre cœur représente le terrain de Dieu. Il doit se mettre à la disposition de Dieu ou au service de Dieu. Il n'y a pas de place pour des dieux étrangers.

Dieu veut changer notre cœur, autrement dit, il veut transformer son terrain en jardin afin d'y semer sa parole. Ce changement s'opérera quand nous lui ouvrirons la porte de notre cœur. Si nous procédons ainsi, l'homme charnel deviendra l'homme spirituel. Puisque la nature a horreur du vide, l'idolâtrie, la magie, les haines, les querelles, les jalousies, les colères, les rivalités, les divisions, les sectes, l'envie, les meurtres, l'ivrognerie, les excès de table et les choses semblables sont remplacés par l'amour, la joie, la paix, la patience, la bonté, la bienveillance, la foi, la douceur, la maitrise de soi. (Galates 5 : 20-22, LSG).

Notre cœur a une grande importance pour Dieu, car la meilleure image de nous-mêmes se trouve dans notre cœur. Dans le langage purement biblique, le cœur est la profonde cabine de notre être ou l'esprit de Dieu communique avec notre esprit. C'est comme une chambre secrète dans une maison où le mari et la femme discutent leurs projets d'avenir. Le Saint-Esprit habite dans cette chambre depuis le jour où nous avons lié connaissance avec lui.

Dieu dit à Samuel : *"l'homme regarde* à ce qui frappe les yeux, *mais l'Éternel regarde* au *cœur", (1 Samuel 16 :7, LSG).*

Dieu veut protéger son jardin contre toutes sortes d'insectes, de virus, de bactéries, d'intempéries, d'ouragans, de cyclones, de chaleurs excessives… Si nous regardons dans le miroir de notre cœur, nous verrons Dieu. Plus nous laissons notre cœur connecté à Dieu, plus son image deviendra plus claire. Sinon, l'image deviendra très floue.

Le vrai jardinier n'abandonne jamais son jardin. Il en prend soin tous les jours. Il le surveille, le nettoie, car plus il y a d'espace préparé, plus il y a de la place pour ajouter de la semence. Ainsi, notre cœur représente le siège de la parole de Dieu. Nous devons le protéger contre toutes sortes de fissures afin qu'il s'attache à Dieu pour toujours. Il ne faut laisser aucune place pour les corps étrangers.

Avant qu'une montagne s'écroule, il y a toujours un grain de sable qui l'annonce, mais si nous sommes vigilants, l'esprit de discernement que Dieu nous donne nous permettra d'échapper bel et bien du danger.

Satan, le diable, notre adversaire redoutable, essaie par tous les moyens de nous entrainer à banaliser cette semence (la parole de Dieu) ou à l'effacer de notre cœur. A chaque fois que nous désobéissons à Dieu, nous ouvrons une fenêtre à Satan. Voilà pourquoi que nous devons faire de notre mieux pour rester connectés à Dieu. C'est à ce moment-là que le Saint-Esprit, le Guide infaillible, le Gardien incomparable, se place à la porte de notre cœur comme une sentinelle qui ne dort ni la nuit ni le jour.

Dès qu'une personne donne son cœur à Dieu, sa nouvelle consiste à changer complètement d'attitude ; car l'attitude du chrétien, c'est d'écouter attentivement les dictées de Dieu. Ses oreilles doivent être très sensibles à la parole de Dieu. Quant à sa bouche, elle devient celle de Dieu. Un cœur dans lequel le Saint-Esprit habite est un cœur assuré, libre, aimant, combatif, attractif, etc., parce qu'il est contrôlé et guidé par l'Esprit de Dieu.

Conservez une semence, c'est bien ! Mais sa multiplication dépend évidemment de sa plantation. Dans la foulée, cette plantation a besoin d'être bien arrosée pour qu'elle grandisse, germe et porte beaucoup de fruit. Placer une Bible (la semence de la parole de Dieu) au seuil d'une porte pour montrer qu'on est en relation avec la parole ne représente rien, si on ne la médite pas. C'est une parole que nous devons ruminer jour et nuit.

David a dit dans le psaume 119 : 11, LSG, « Je serre ta parole dans mon cœur, afin de ne pas pécher contre toi. »

Que le canal de notre cœur soit lisse afin que ta parole coure avec vitesse dans son siège !

La germination d'un grain de semence est un processus. Nous ne pouvons pas récolter le maïs le même jour où nous en avons planté un grain. Par conséquent, nous qui sommes enfants régénérés, nous devons être très patients aux nouveaux convertis. Ils sont encore des bébés spirituels qui ont besoin d'une nourriture adéquate pour leur croissance spirituelle. Nous devons répéter comme l'apôtre Paul : « J'ai planté, Apollos a arrosé, mais c'est Dieu qui fait croitre. » (1 Corinthiens 3 : 6, LSG).

Notre cœur doit être arrosé par des cantiques spirituels, des hymnes, des prières et des supplications. Cette ligne de conduite plus que jamais correcte aboutira à notre croissance et à notre maturité spirituelle dans la parole de Dieu. Car nous sommes appelés à vivre ou à grandir spirituellement.

Dans un premier temps, bien que Martine ait grandi dans une famille chrétienne, cela n'avait pas fait d'elle une chrétienne automatiquement. Comme toute autre personne qui veut rassurer son salut, elle avait besoin d'accepter Jésus comme son sauveur personnel. Cependant, elle avait joui d'une protection divine grâce à la relation de sa maman avec Dieu dès sa naissance.

Dès son jeune âge, Dieu a mis en Martine une semence et une promesse. Laquelle promesse s'est ainsi formulée :

''Par toi, la Montagne-de-Bois-Zombie sera développée.''

C'est un appel que Dieu lui-même a fait à Martine. Nous sommes tous d'accord qu'il n'y a pas d'appel de Dieu sans feuille de route, sans calendrier ou agenda ou sans provisions spirituelles.

L'une des provisions spirituelles que Dieu a mises au service de Martine, c'est le Saint-Esprit pour lui enseigner, la guider, et la protéger. Elle avait très bien compris que l'accomplissement des promesses de Dieu ne marchera pas sans épreuves. Malgré vents et marées, les péripéties, les souffrances, les déceptions, la tristesse, elle doit rester fidèlement attachée avec Dieu. Ainsi, Martine compte sur les pieds de Dieu pour arriver à sa destination finale. Elle sait déjà dès son jeune âge que ses pieds sont trop faibles pour franchir le chemin de la vie.

Sans nul doute, Martine se basait sur cette portion d'Ecriture que nous trouvons dans le psaume 89 : 35, LSG, « Je ne violerai point mon alliance, et je ne changerai pas de ce qui est sorti de mes lèvres. »

Conclusion :

L'arrivée de Martine à Port-au-Prince lui paraissait très étrange, sans durs moments qu'elle a vécus chez Béatrice. A cause de ses mauvaises expériences que Martine a endurées chez sa tante, elle pensait que l'enfer était sur terre.

L'obéissance de Martine vis-à-vis de la parole de Dieu jouait un rôle très important dans sa vie. Grâce à cette obéissance, elle a pu rester tout ce temps chez sa tante malgré l'amertume grandissante de son séjour. Elle continuait son chemin même lorsqu'elle ne voyait pas comment franchir la ligne d'arrivée. Les recommandations, les instructions, les bonnes notions morales que sa maman lui avait inculquées ont impacté à merveille sa vie quotidienne. Elles lui servaient de miroir pour voir son visage endolori et de lampe pour éclairer son chemin sombre et périlleux. Plus elle avançait avec assurance, plus l'obscurité s'écartait devant elle.

La parole de Dieu, les versets, les notions et les histoires bibliques, tous sont venus dans le cœur de Martine comme coalition spirituelle en vue d'anéantir pour de bon le poids de sa mélancolie et de sa tristesse.

Sa détermination et sa persistance visant accomplissement de ses études classiques étaient spectaculaires. Qui plus est, certaines fois, même avec le ventre creux, elle étudiait ses leçons. Quel courage ! Quelle audace !

La semence que Dieu a plantée en Martine, commençait à bourgeonner, à pousser des tiges, et plus tard à se reproduire. L'acceptation de Jésus comme son Sauveur personnel a été le coup d'envoi de sa mission. Maintenant, elle s'est placée devant la ligne de départ de la grande conquête de son rêve, de sa vision et de son objectif. Sa maturité et sa croissance spirituelles lui ont permis de voir et de comprendre Dieu dans une autre dimension plus élevée. Par conséquent, elle ne dit plus le Dieu de maman, mais plutôt le Dieu de Martine Baudelaire. Quelle merveilleuse découverte !

Grâce à cette semence, Martine est devenue une source de bénédiction pour sa famille et son entourage. Sa plus grande victoire avec Dieu dans la vie est sa rencontre avec Philippe, son époux. Elle a transmis la parole de Dieu à ce dernier qui est devenu plus tard un serviteur de l'Eternel. « La parole de Dieu est comme un sandwich, s'il y a pour un, il y aura pour deux. » Ainsi, Philippe a évangélisé ses parents et ses amis.

Ces gens ont vitement reçu la parole de Dieu, parce que Philippe leur avait transmis cette parole avec amour. La promesse que Dieu avait faite à Martine était accomplie au moment opportun. Par conséquent, la vie sociale, économique et religieuse des habitants de la Montagne-de-Bois-Zombie, ont changé complètement.

Glossaire

Bougonnen : Produit alimentaire fait avec des grains de maïs ou du petit mil ou pitimi dans certaines localités d'Haïti.

Karabela : Tissu de couleur bleu pâle généralement utilisée dans l'artisanat haïtien. Souvent ornée de broderies, de ric-rac, de dentelle, etc. Autrefois, les campagnards l'utilisaient beaucoup.

Chanm-chanm : Produit alimentaire fait avec du maïs grillé.

Canari : Grand vase en argile cuite pour conserver et purifier de l'eau ; utilisé surtout à la campagne.

Roucou : Grains de grosseur comme ceux du fruit de la grenade et de couleur rougeâtre, utilisés jadis pour la teinture, mais les gens de la campagne les utilisent en lieu et place de pate de tomate ou purée de tomate.

Rapadou : Produit naturel à base de canne-à-sucre. Il est obtenu à partir du jus de canne, mis à bouillir pendant une période de 5 à 6 heures. Une fois séché, le produit obtenu est enroulé dans des feuilles de palmier, qui servent de moules.

Cruche : Récipient fait en argile pour la conservation et la purification de l'eau.

Piti, Piti, Fè Chay : Expression du créole haïtien qui se traduit par l'union fait la force.

Bobori ou Doukounou : Aliment fait avec de la farine de manioc ; il se rapproche beaucoup avec le pain. Les habitants de Jérémie l'appellent aussi : pate Kalas.

Tèt chaje : Expression créole qui a plusieurs sens. Dans le texte, elle signifie : C'est bien étonnant de ce qu'on vient de dire.

Drum : Géant jar contenant 54-55 gallons de liquide

LSG : Bible version : Louis Segond
BDS : Bible version : Bible du Semeur

Milton Keynes UK
Ingram Content Group UK Ltd.
UKHW020841220224
438295UK00013B/381